KB121864

조인트 사고

일러두기

1. 독자의 이해를 돕기 위해 100엔을 1,000원 기준으로 변환해 표기하였습니다.

2. 이 책은 2012년 일본에서 출간된 원고를 바탕으로 하고 있어 지금 시점과 다소 차이가 있을 수 있으나 지금 적용해도 충분히 가치 있는 이야기를 담고 있습니다.

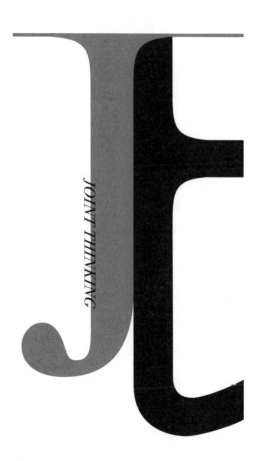

한 달에
30억을 버는
기적의
시너지 효과

사토 후미아키 · 고지마 미키토 지음 | 김혜영 옮김

조인트 사고

JOINT THINKING

생각지도

부자가 되고 싶은 사람이 갖춰야 할 5가지 습관

《조인트 사고》가 구체적으로 알려줍니다

이 책《조인트 사고》는 사실 8년 전 국내에서 번역 출간되었지만 그리 주목받지 못했습니다. 그런데 시장 상황이 변화하면서 'e-비즈니스 시장의 성공 노하우를 담은 교과서' 같은 책이라고 입소문이 나면서 독자들이 다시 찾는 책이 되었습니다. 하지만 책은 이미 절판되었고, 정가의 10배 넘는 가격을 주고 중고책을 구입해 읽는 이들까지 생겨났습니다.

많은 이들이 보고 싶어 했던 이 책이 다시 출간되어 너무 반갑습니다. 제 유튜브 '단희TV'에서도 2년 전에 이 책을 소개했는데 조회수가 13만을 훌쩍 넘었습니다. 아래 내용은 제가 당시 유튜브에서 소개한 책에 관한 내용을 재정리한 것입니다. 읽고

싶어도 읽지 못했던 이 책을 더 많은 이들이 접하고 경제적 자유
와 부를 얻어갔으면 합니다.

당신은 왜 부자가 되지 못했을까요? 머리가 좋지 않아서, 내
세울 만한 배경이 없어서, 열심히 살지 않아서일까요? 결코 아
닙니다. 단지 부자가 되는 구체적인 방법을 몰랐기 때문입니다.
그래서 《조인트 사고》를 지금 당신에게 추천합니다!
  이 책은 지금보다 더 풍요로운 삶을 살고 싶어 하는 모든 이
들을 위한 책입니다. 특별히 뛰어난 머리를 가진 것도, 든든한
배경이 있는 것도 아닌 평범한 두 명의 젊은이가 짧은 기간에 성
공한 노하우를 담고 있습니다. 이들은 '조인트 사고'라는 자신들
만의 사고법을 만들어냈고, 그것을 행동함으로써 증명해 보였습
니다.
  인간은 습관의 동물입니다. 오늘 당신이 한 행동은 당신의 습
관에서 비롯됩니다. 습관에서 시작된 그 행동들이 모여 1년 뒤
당신이 만들어집니다. 지금보다 더 나은 미래의 자신을 위해 유
의미한 습관들을 하나씩 추가해보세요. 오늘 당신이 한 행동이
라는 '점點'은 1년 뒤 하나의 '선線'이 되고, 5년 뒤 멋진 '면面'이
될 것입니다.

이 책에는 당신을 폭풍 성장시켜 줄 유의미한 습관들이 곳곳에 널려 있습니다. 너무 많아서 추리기조차 힘들었지만, 저 역시 습관으로 만들고 싶은 5가지를 소개해볼까 합니다.

첫째, 노력의 결과는 겉으로 드러나고 눈에 보이려면 어느 정도 잠복 기간이 필요하다고 합니다. 우리네 삶이 노력한 만큼 결과나 성과가 나온다면 얼마나 좋을까요? 다들 알겠지만 현실은 그리 녹록치 않습니다. 당신이 원하는 결과를 얻기까지는 임계점을 돌파해야 하는 기간이 필요합니다. '성공 곡선'은 직선이 아니라 곡선이기 때문입니다. 축적된 노력이 임계점에 도달해 폭발적으로 성장하기 위해서는 포기하지 않고 '계속하는 힘'이 필요합니다.

둘째, 인간의 뇌는 원래 변화를 좋아하지 않아서 습관을 바꾸려고 하면 불쾌감을 느낍니다. 아무것도 바꾸지 않는 편안한 상태를 유지하고 싶어 하는 거죠. 그래서 바꾸지 않아도 될 핑계를 대고 경계선을 만드는데, 이것이 바로 '컴포트존(안전지대)'입니다. 컴포트존 밖으로 나오지 않는 한, 큰 성공도 큰 위험도 없습니다. 하지만 끊임없는 시도와 노력으로 컴포트존을 벗어나면 당신의 미래는 훨씬 더 발전할 것입니다. 책에서는 컴포트존을 벗어나는 3가지 방법을 제시하고 있는데, 그중 "인간은 동기부여가 된 후에 행동하는 존재가 아니다. 행동해야 동기부여가 되는 존재다"라는 말은 습관을 만드는 데 항상 되새겨야 할 내용입니다.

셋째, 비즈니스를 하려면 사전 조사에 에너지를 쏟아야 합니다. 또 상품 구매자를 얼마나 이해하고 있느냐에 따라 매출이 결정된다는 사실을 잊지 말아야 합니다. 모든 사업의 성공은 타깃 고객을 얼마나 정확하게 알고 있느냐에서 출발합니다. 성공하고 싶다면 타깃 고객의 고민, 걱정, 불안을 찾아내 해결하는 방법을 찾는 데 모든 노력을 기울여야 합니다.

넷째, 고객을 모으기 위해서는 초반에 판매자가 가지고 있는 정보, 툴, 노하우 등을 아낌없이 나눠주어야 합니다. '이렇게 받아도 되나?' 생각할 정도로 퍼주어야 합니다. 모든 사업의 기본 목표는 타깃 고객을 모으는 것입니다. 그렇다면 어떻게 하면 타깃 고객을 모을 수 있을까요? 가치 있는 정보와 노하우를 아낌없이 주면 됩니다. 당신이 알리고 싶은 정보와 노하우가 아니라 고객의 문제와 고민, 걱정을 해결하는 정보를 주어야 합니다. 그러면 당신이 원하는 고객은 알아서 당신을 찾아올 것입니다. 이게 전부입니다.

다섯째, 성공하고 싶다면 필요한 비용은 과감하게 투자해야 합니다. 성장과 성공은 결국 위임을 통해 가능합니다. 저는 세무, 법무, 건축설계, 시공, 영상 편집, 홈페이지 관리 등 다양한 일을 하는데, 이 중 많은 일들을 위임합니다. 위임을 하면 비용이 듭니다. 하지만 그 대신 저는 시간을 얻습니다. 그리고 확보한 시간을 저에게 가장 중요한 일을 하는 데 사용합니다. 저도 처음에는 하나부터 열까지 모두 제가 했습니다. 그랬더니 비용은 아낄 수 있었지만, 중요한 일을 할 수 없었고 성장할 수 없었습니다. 더 높이 비상하고 싶다면 필요한 비용은 확실하게 투자하시기 바랍니다.

어떠셨나요? 제가 밑줄을 그으며 습관으로 만들고 싶은 것은 위의 5가지였습니다. 하지만 앞서도 이야기했듯이 이 책에는 부와 성공을 위해 장착해야 할 습관들이 더 많이 소개되어 있습니다. 나를 변화시키고 세상을 변화시킬 수 있는 엄청난 힘을 내는 습관을 만들고 싶다면 이 책을 몇 번이고 정독하길 권합니다.

_**단희쌤 이의상** 단희캠퍼스 대표, 《마흔의 돈 공부》 저자

정다르크

시크릿크루 대표, '돈버는 비밀, 정다르크' 유튜버

55억의 매출과 경제적 자유를 얻고 나서 뒤돌아보니 나는 이 책에서 말한 것들을 대부분 실천하고 있었다. 지금도 이 책은 내 책장 가장 좋은 위치에 꽂혀 있다. 책에는 사업으로 부자가 되기 위해 필요한 0부터 100까지 모든 내용이 담겨 있다. 한마디로 사업 교과서 같은 책이다.

어느 한 페이지 버릴 게 없다. 심지어 쉽게 잘 읽힌다. 앞뒤 재면서 고민할 것 없이 《조인트 사고》를 딱 3번만 읽고 시키는 대로 해보라. 이 책의 대단함을 알 수 있을 것이다. 삶이 바로 달라질 테니까!

노마드클로이

언노마드스쿨 대표, '노마드클로이' 유튜버

온라인 부업, 창업이 유행하면서 많은 사람들이 온라인 비즈니스에 뛰어들고 있다. 하지만 실제 수익을 만들고 이를 사업화하면서 키워나가는 이들은 소수다. 그 차이는 무엇일까? 성공적인 비즈니스를 위해서는 작은 도전의 결과가 큰 흐름으로 이어져야 하는데, 잠시 수익을 내더라도 다음 스텝으로 연결하지 못하면 사업을 지속할 수 없기 때문이다.

《조인트 사고》는 온라인 비즈니스를 하는 사람들이 놓치기 쉬운 큰 흐름을 짚어줌과 동시에 사업 단계별로 알아야 할 팁까지 아주 쉽게 설명하고 있다. 그 사례가 매우 구체적이고 현실적이라 실제 온라인 비즈니스를 하는 나로서는 공감되는 부분이 아주 많았다. 먼저 경험한 선배가 내 고민을 들어준 다음, 알고 있다는 듯 친절히 조언해주는 느낌이었다. 돈도 없고 빽도 없는 이들이 자신의 지식과 기술 하나만으로 온라인에서 돈 벌기를 원한다면 반드시 읽어야 할 책이다.

서울휘(배용환)
사이드프로젝트 스쿨 대표

처음 이 책을 접하고 크나큰 충격에 빠졌었다. 가슴 뛰는 책을 만나 순식간에 읽었고, 끓어오르는 열정에 밤새 수첩에 사업을 스케치했다. e-비즈니스에서 혼자서는 성공할 수 없음을 명확히 깨달을 수 있었으며, 사업의 밑그림을 그리는 데 통찰 가득한 아이디어를 얻을 수 있었다. 덕분에 현재 사이드프로젝트 스쿨을 운영하며 7개의 사업을 진행하고 있다. 혼자 하는 사업도 있고 파트너와 연계된 사업도 여러 개다.

매일 새로운 아이디어를 어떻게 접목하고 누구와 연계해 나갈지 가슴 벅찬 하루하루를 보내게 해준 고마운 책《조인트 사고》. 지금 다시 읽어봐도 얻을 수 있는 영감이 놀랍다. 이 책에서 얻는 전략에 늘 감사한 마음을 갖는다.

예전 치솟는 중고책 가격에 한정판 재출간 소식을 듣고 이 책을 10권 구입해 지인들에게 선물한 적이 있다. 그랬던《조인트 사고》가 개정판으로 다시금 세상에 나왔다. 이 책은 우리가 시도하는 다양한 e-비즈니스 공략법을 명료하게 다룬 비급서祕笈書라 할 만하다. 시대가 변하고 세상이 변했지만 e-비즈니스의 핵심과 목적, 협업을 이해하기에 내가 늘 첫 번째로 추천하는 책이다. e-비즈니스를 이해하기 위한 아주 심플하고 간결한 내용이 마음에 든다.

1인 기업가, N잡러, 사이드프로젝트의 전성시대다. 사람, 기술, 정보, 시스템의 중요성 그리고 똑똑한 운영에 대한 꿀팁들로 가득한 이 책과 꼭 만나보시라. 지금은 당신이 원한다면 무엇이든 할 수 있고, 그 누구든 함께 할 수 있으며, 다양한 시도를 하기에 최적의 환경이다. 우리는 그런 시대, 그런 세상에 살고 있음을 누구보다 잘 알고 있다.

"당신이《조인트 사고》를 만났다면 비즈니스의 삶에 확실한 멘토를 얻은 것이나 다름없다."

서승범

마케팅 코치, 간다 마사노리 소셜클럽 클럽장

《조인트 사고》는 리드포액션(Read for Action)을 했던 책 중에서 폭발적으로 반응이 좋았던 책이다. 또한 내가 유일하게 5번 이상 정독하라고 권하는 책이기도 하다. '한 달에 30억을 버는'이라는 부제 때문에 이 책을 읽어보려고 했다면 당신은 이 책의 진가를 모르는 것이다.

이 책은 사업을 하는 사람에게 꼭 필요한 핵심이 잘 정리되어 있다. 하지만 책의 핵심은 저자들이 얻어낸 결과나 행동이 아니다. 정말 중요한 것은 저자들의 '사고법'이다. 행동은 그대로 모방해도 실패할 가능성이 크지만, 어떤 생각으로 이런 행동을 하게 되었는지를 알게 된다면 당신만의 조인트 사고를 할 수 있을 것이다. 장담하건대 이 책은 모든 사업가들의 필독서다.

이근우
특창사 대표, 외식경영 전문가

이 책을 읽기 전 나는 그저 장사치에 불과했다. 철저히 '노동 시간=돈' 공식으로, 그것이 마치 사업인 양 착각하고 있었다. 하지만 책을 읽고 난 후 '1×1=1'이던 플랫폼 사업이 지금은 저자들이 말하는 제3스테이지인 '10×10=100'의 단계, 즉 창업자끼리 조인트하여 레버리지 효과를 이용해 더 큰 발전을 노리는 시기에 접어들었다.

《조인트 사고》는 내 인생의 많은 부분에 극적인 영향을 끼친 멘토 '라이프해커 자청' 님이 평소 하는 이야기와 일맥상통하는 부분이 많다. 당신이 사업가라면 진심으로 이 책을 권한다. 이 책은 사업에 관한 공략집 그 자체임을 내가 몸소 실천하며 느끼고 있다.

들어가며

우리는 어떻게
억만장자가 되었는가

'억만장자!'

이 얼마나 매력적이고 가슴 뛰는 말인가. 하지만 어쩐지 나와
는 거리가 먼 이야기라고 생각하고 있을지도 모르겠다. 그런데
말이다, 지금 이 책을 손에 쥐었다는 것은 당신도 '억만장자'라
는 존재에 대한 숨길 수 없는 동경과 소망을 품고 있는 것은 아
닐까?

'부자'와 '부유층'에 대한 정의는 다양하겠지만, 일반적으로
는 '주거용 부동산 등을 제외한 자산총액이 100만 달러 이상(약
10억 원가량, 2010년 기준)'이라는 기준이 있다. 일본에는 이에 해당
하는 사람이 약 174만 명이나 된다고 한다. 이는 미국에 이어 두

번째로, 전 세계 부유층의 약 16퍼센트다(2010년 조사). 불경기라고 하지만 실제 일본에는 부자가 많다는 얘기다. 그리고 부유층이 이 정도나 된다는 사실은 당신이 그 무리에 들어간다 해도 전혀 이상할 게 없다는 말이다.

여기서 하나 물어보자. 당신은 현실에 만족하고 있는가? 회사에 다니는 직장인이라면 회사의 불투명한 미래와 오르지 않는 월급에 불안과 불만을 느끼면서 하루를 보내고 있지는 않은가? 경영자나 자영업자라면 어떻게 하면 고객을 더 늘리고 수입을 증대시킬지 필사적으로 모색하느라 지친 하루를 보내고 있지는 않은가?

지금 책을 쓰고 있는 우리 두 사람도 하루하루가 전쟁 같았다. 저자 중 한 사람인 고지마 미키토小島幹登는 20대 시절 자신도 언젠가 '억만장자가 될 것'이라며 현실감이라고는 손톱만큼도 없는 망상에 빠져 있었다. 하지만 현실은 녹록치 않았다. 한 회사를 진득이 다니지 못해 계속 이직했고, 서른 살 즈음에는 이직 횟수가 제 나이처럼 30회를 넘길 정도였다. 심지어 딱 하루 출근하고 그만둔 회사도 있었다.

'왜 이런 걸까? 이게 아닌데……'

머릿속에서는 이 생각만 계속 맴돌았고, 낡아빠진 지갑에는 동전만 짤랑거렸다. 이게 불과 5년 전 일이다. 그랬던 내가 지금은 17개 회사를 경영하면서 연봉은 20억 원이 넘는다. 수많은 우수한 인재들과 함께 일하면서 행복한 가정을 이루었으며, 억만장자가 되었다. 푼돈밖에 없던 내가 억만장자라니, 이게 기적이 아니면 무엇이겠는가!

'기적!'

조금 전 이야기한 '억만장자'만큼이나 매력적인 단어지만, 영화나 소설에만 존재한다고 믿을지도 모르겠다. 하지만 기적을 몸소 체험한 지금의 나는 기적이 필연적으로 일어날 수 있다는 사실을 알고 있다. 이러한 성공에 한몫한 파트너이자 이 책을 집필한 또 한 명의 저자인 사토 후미아키佐藤文昭도 마찬가지다. 그것이 우리가 계속 성공하는 이유다. 그런데 많은 분들은 이렇게 이야기한다.

"사토 씨나 고지마 씨니까 할 수 있는 거 아닌가요?"

평범한 사람은 따라 할 수 없고, 자신은 능력이 모자라서 불가능하다고들 말한다. 하지만 분명 불과 5, 6년 전 우리의 모습을 본다면 그런 말은 쏙 들어갈 것이다. 아무리 뜯어봐도 우리는 성공할 재목으로는 보이지 않았기 때문이다.

사토 또한 삶이 순탄하지 않았다. 의기양양하게 회사를 그만두고 나와 번쩍번쩍하게 카페를 열었지만, 실패의 쓴맛을 보고 말았다. 오픈한 지 4일 만에 손님의 발길이 끊기더니 얼마 못 가 문을 닫게 된 것이다. 남은 건 2억 원의 빚뿐이었고, 먹여 살려야 할 가족 생각에 속만 타들어 갔다. 지금의 사토를 떠올릴 수 있는 요소는 눈 씻고 찾아봐도 없었다.

물론 우리는 서로를 알지도 못했고, 그저 '이게 아닌데'를 되뇌면서 각자 희망이 보이지 않는 벼랑 끝에서 발버둥치고 있었다. 어딜 봐도 도라에몽의 노진구만큼이나 게으르고 못난 인간, 그게 우리였다!

그러던 어느 날 나(고지마)는 노을 진 공원 벤치에 혼자 앉아 있었다. 내 딴에는 한다고 하는데 잘 풀리지 않는 현실에 솔직히 막막했다. 대체 뭐가 잘못된 걸까? 이 생각 저 생각하며 머리를 굴리고 있었는데, 하늘의 계시라도 받은 듯 엄청난 사실이 머리를 스쳤다.

'세상 사람들에게 성공법과 노하우를 전하는 사람들은 그 방법을 돈벌이 수단으로 삼아 돈을 벌고 성공한(것처럼 보이는) 것은 아닐까?'

실제로 조사를 해보니 진짜 성공한 사람은 극히 일부였다. 대부분은 성공을 연출했다! 우리에게 꿈을 보여주고 돈을 내도록 하면서 이익을 취하고 있을 뿐이었다. 그래서 그 사람들의 책을 열심히 사서 읽고 연구해도 성공하지 못한 것이다. 그들이 알려주는 성공법과 노하우는 우연이나 특수한 상황에서 얻은 일시적인 성공을 억지로 부풀려 만든 것이었다. 당연히 재현성이 없는 '탁상공론卓上空論'이었다. 대부분의 성공 사례는 그때뿐인 타이밍과 만남으로 성립된 '우연의 산물'이었다.

그렇다. 극히 일부의 진짜 성공한 사람을 제외하면!

그 사실을 깨달았을 때, 나는 머릿속이 멍해졌다. 그리고 억울했다. 책 한 권도 밥값을 아껴가며 겨우 마련하는 삶이었기 때문이다. 그때부터 나는 혼자서 먼저 생각을 정리한 뒤 일을 하기 시작했다. 시행착오를 거듭했지만 '나만의 사업'을 꾸리기 시작한 셈이다.

그로부터 얼마 안 돼 나는 온라인 판매에 어마어마한 가능성이 있다는 사실을 깨달았다. 인터넷을 최대한 활용해 사업을 시작했고 상승 반전을 이루었다. 그 후 나처럼 온라인 판매로 연거푸 성공을 거둔 사토와 신기한 인연으로 만나 '**조인트**JOINT'를 통해 대박을 터뜨리게 되었다.

둘이 손을 잡고 처음 선보인 상품은 프로모션 한 달 만에 30억 원의 매출을 기록했다. 이를 계기로 e-비즈니스 업계에서 단숨에 지명도가 높아진 우리는 공동명의로 회사를 차렸고, 새로운 상품·서비스를 개발함과 동시에 새로운 사업 파트너와 16개의 그룹 회사를 설립했다. 지금은 우리 두 사람 모두 연봉 20억 원이 넘고, 항상 마음속에 자리했던 불안과 초조함에서 해방되었으며, 행복한 나날을 보내고 있다. 그야말로 9회 말 끝내기 역전타처럼 성공을 거머쥐었다!

어떻게 이런 일이 가능했을까? 우리 두 사람의 경험으로 비추어보면 핵심은 2가지다.

첫째, 우리는 인터넷이라는 '도구'를 비즈니스에 유효하게 사용할 수 있는 기술을 배웠다.
둘째, 우리는 '기적을 필연적으로 일으키는 마인드와 사고법'을 익혔다.

'기적을 필연적으로 일으킨다'라니 언뜻 보면 모순 같지만, 최선의 표현이다. 왜냐하면 이 발상으로 비즈니스를 하면, 어느 날

믿기 어려울 정도의 성과가 나고 기적 같은 일이 일어나니까.

이 책에서는 이 2가지 포인트를 바탕으로 우리 두 사람의 마인드와 사고법의 핵심을 낱낱이 공개한다. 처음에는 경험으로 터득한 e-비즈니스에서 돈 버는 원리·원칙, 최단거리로 억 대의 돈을 벌 수 있게 한 사고방식 등 서로의 경험과 노하우를 공유해 공통된 부분들을 찾았다. 그런데 이것이 과연 우리 이외의 사람, 그것도 많은 사람들에게 통용될지는 솔직히 자신이 없었다. 말로 하면 김빠질 정도로 간단하고 단순한 사고법이자 마인드였기 때문이다.

그래서 일단은 가까운 사람들, 우리 회사 직원과 그룹사 사장, 주변 동료들에게 이 사고법을 알리고 실험해보았다. 그러자 그들의 생산효율이 쭉쭉 오르고, 꽉꽉 성과를 냈다. 텔레마케팅 아르바이트를 전전하던 친구는 이 사고법을 적용해 창업한 뒤, 회사 설립 3개월 만에 매출총이익이 10억 원을 넘겼다.

이 친구 외에도 열린 자세로 사고방식을 흡수해 그대로 실천한 사람은 놀라운 속도로 수입이 상승했다. 우리 둘은 이 정도면 되겠다 싶어 비즈니스 아카데미와 컨설팅 등 다양한 형태로 많은 이들에게 이 마인드와 사고법을 전하기로 했다. 그러자 여기저기서 성공 소식을 알려왔다. 지금까지 상담하러 찾아온 사람만 2,000명이 넘었고, 이제는 세미나만 개최하면 만석을 이루는 감사한 상황에 이르렀다. 아카데미와 세미나에 참가한 분의 실제 후기를 소개한다.

● 스즈키 유이치鈴木佑一 씨, 25세, 매칭 비즈니스 경영

원래 혼자서 e-비즈니스를 하고 있었습니다. 그런데 사토 씨와 고지마 씨에게 매칭 비즈니스matching business*의 위력, 창업가로서의 마음가짐, 채용, 재무, 회사를 존속시키는 방법 등을 철두철미하게 배웠습니다. 이후 사무실을 마련했고, 직원 6명을 고용했으며, 월매출 1억 원을 넘겼습니다. 신규 사업에 관해서도 조언을 얻어 현재 연매출 100억 원을 목표로 직원들이 똘똘 뭉쳐 일하고 있습니다.

사토 씨와 고지마 씨를 만나지 않았다면 지금도 혼자서 e-비즈니스를 하고 있었을 겁니다. 두 사람은 저의 멘토이자 성공에 관한 '핵심 중의 핵심'을 알려준 유일한 존재입니다.

---

* 서비스를 이용하고 싶은 사람과 서비스를 제공하고 싶은 사람 혹은 기업을 연결해주고 수수료를 받는 사업을 말한다. 구인구직 매칭 플랫폼인 '사람인', 생활서비스 매칭 플랫폼인 '숨고' 등도 매칭 비즈니스의 일종이다. —옮긴이

• 요코야마 다카히로橫山孝洋 씨, 34세, 레스토랑 운영

교토에서 이탈리안 레스토랑을 운영하고 있었는데, 경영상태가 좋지 않아 언제 망해도 이상할 게 없는 상황이었습니다. 위기를 탈출하기 위해 e-비즈니스를 배워야겠다고 생각했고, 두 사람이 운영하는 수업을 듣기 시작했습니다.

두 사람이 'e-비즈니스를 하기 전에 가게를 재정비하는 게 먼저'라고 말했기에 곧바로 가게 컨설팅을 받았습니다. 그러자 파리만 날리던 가게가 수개월 만에 만석을 이루었고, 현재는 꾸준히 만석이라 예약을 거절하는 상황까지 이어지고 있습니다. 또 대형 여행회사에서 '교토 투어의 점심 식사를 이 식당에서 하고 싶다'라는 업무제휴 연락까지 받았습니다. 사토 씨와 고지마 씨를 만나 인생이 바뀌었습니다.

• 바바 기요시馬場聖史 씨, 38세, 웹사이트 제작·온라인 쇼핑몰 운영

정보교재 판매가 여의치 않을 때, 사토 씨가 운영하는 e-비즈니스 강좌를 들었습니다. 카피라이팅과 마케팅 전반에 관해 기초부터 응용까지 배웠고, 그 결과 600만 원 정도였던 월매출이 수천만 원 수준으로 급상승했습니다. 꿈에 그리던 회사 설립 단계에 이르렀죠.

사실 그 수업에 고지마 씨도 참석했는데, 그 인연으로 고지마 씨에게 온라인 쇼핑몰이 어떻게 돌아가는지를 생생하게 배웠고 새로운 세계가 열렸습니다. 현재는 여러 e-비즈니스를 운영하는데, 아주 안정되게 경영을 이어가고 있습니다. 두 사람을 만나게 해준 운명에 감사합니다!

• 가와이 게이타로河合啓太郎 씨, 56세, M&A회사 경영

벤처캐피털과 인수합병M&A 자문 일을 하고 있습니다. 두 사람이 운영하는 매칭 비즈니스 강좌를 추천하는 메일매거진•을 보고, 일에 도움될 만한 부분이 많을 것 같아서 바로 세미나를 신청했습니다. 100명 이상의 참가자로 회장이 가득 찼는데, 열기가 엄청났습니다. 또 이보다 더 세심할 수 있을까 싶을 정도의 정성 어린 지도에 정신이 번쩍 드는 게 한두 번이 아니었습니다. 교재 동영상을 보면서 두 사람의 조합이 완벽하다는 생각이 들

• 메일 구독 서비스로, 메일 주소를 입력하면 소식지(뉴스레터)를 메일로 보내주는 식이다. 우리나라의 경우 메일 구독 서비스, 뉴스레터(소식지), 웹진 등으로 구분해 사용하는데, 일본에서는 이를 모두 '메일 매거진'으로 통칭해 사용하고 있다. 일본에서는 흔히 사용하는 용어이므로 책에는 '메일매거진'이라는 용어 그대로 사용한다. —옮긴이

었습니다. 완전히 다른 타입인 두 사람이 힘을 합쳐 시너지 효과가 발생하는 모습을 볼 때마다 조인트의 위력을 실감했습니다.

이렇게 매번 많은 분에게 후기를 받는데, 그중에는 "삶의 질이 높아졌다"라는 극찬을 해주시는 분도 있어서 매일같이 이 일을 한 보람을 느낀다. 한편으로는 "왜 이런 소중한 노하우를 알려주느냐"며 의아해하는 분도 있다. 물론 그럴지도 모른다. 직접 부딪쳐가며 어렵게 얻은 정보를 공개하는 게 아까울 수도 있다. 하지만 우리는 우리만 부자가 되는 게 달갑지 않다. 같이 성공하고, 같이 성장하고, 서로 자극을 주고받으며 다 함께 성공하는 것이 훨씬 좋다는 것을 알고 있기 때문이다.

이 책을 쓴 것도 같은 이유다. 우리는 피할 수 없는 여정이었지만, 앞으로 e-비즈니스를 시작하려는 사람, 성장하려고 노력하는 사람들은 이 책을 읽고 최대한 덜 고생하고 효율적으로 움직일 수 있으면 좋겠다는 생각에 펜을 들었다. 미리 말해두지만, 이 책에서 전하는 마인드와 사고법을 익히면 그 순간부터 제트기보다 더 빠른 속도로 급성장할 것이다. 그리고 e-비즈니스를 하는 곳곳에서 기적을 일으킬 것이다.

당신도 기적을 일으킬 수 있다! 중요한 것은 열린 자세로 듣고 실천하는 것, 이것이 성공의 핵심이다. 성공한 클라이언트를 보면 우리의 이야기를 충분히 흡수한 분일수록 빨리 성공했다. 일단 세 번은 반복해서 읽어보자.

이 책에는 돈 버는 데 필요한 핵심 주제만 간추려 우리의 생각을 오롯이 담았다. 당신에게 필요한 포인트를 찾아내 성공으로 가는 길을 차근차근 걸어가자. 앞으로 모든 경제적 불안에서 해방되어 웃으면서 자유롭게 인생을 살아가기를 바란다.

인생의 행복은 돈이 전부가 아니다. 우리도 알고 있다. 하지만 돈이 충분하면 당신의 고민이 일부 해결되는 것도 사실이다. 월급과 일자리를 잃지 않기 위해 지긋지긋한 상사 앞에서 "네, 네" 대답만 하고, 이해할 수 없는 일을 꾹꾹 참아내는 삶과 결별할 수 있다면 얼마나 마음이 후련할까? 또 돈이 풍족하면 가족은 얼마나 기뻐할까? 일상의 불안과 고민을 해결하는 최선의 수단이 바로 e-비즈니스다.

서두가 꽤 길어졌다. 마지막으로 당신에게 이 책이 도움이 될지 한 가지 테스트를 해보자.

지금 여기까지 읽고 당신의 마음이 조금이라도 움직였는가?

만약 아주 약간이라도 설레고 두근거린다면 당신은 '억만장자가 될 소질'이 있다.

지금은 설령 자산이 제로라 해도, 아니 마이너스라 해도, 가능성이 존재한다는 사실은 우리의 예를 읽고 충분히 이해했으리라 본다.

현재는 상관없다.

중요한 것은 지금부터다.

이 책을 읽으면 3개월 만에 부유층으로 진입한 나의 친구가 알게 된 것과 똑같은 사고법을 배울 수 있다. 읽고 또 읽으면 최단거리로 성공 계단을 뛰어 올라갈 수 있을 것이다. 당신의 성공으로 향하는 첫 페이지를 힘차게 펼쳐보라.

사토 후미아키

고지마 미키토

차례

01 성공하지 못하는 이유는 방법이 틀렸기 때문이다

e-비즈니스를 뒷받침하는 7가지 사고

06 성공을 확장하는 조인트 사고

e-비즈니스에서 기적을 일으키는 사고법

왜, e-비즈니스에서 조인트를 하는가

우리가 e-비즈니스를 시작한 지도 5년이 넘었다. 불과 5년 사이에 직원이 늘고, 매출 100억 원 규모의 회사로 키울 수 있었던 까닭은 'e-비즈니스'였기 때문이다. 성장 궤도에 안착하기만 하면 적은 자본과 노력으로 돈을 벌 수 있는 것이 e-비즈니스의 특징이다. 물론 방법이 잘못되지 않았을 때의 이야기다. 그렇다. e-비즈니스는 '방법', 그리고 '마인드'가 전부다.

e-비즈니스의 성공은 몇 가지 단계, 즉 스테이지를 거쳐 이루어진다. '스테이지'에 대해서는 바로 이어 설명하겠다. 그전에 성공의 열쇠를 먼저 알아보자. 성공의 열쇠는 2가지다.

첫 번째 열쇠는

'각 스테이지에서 당연한 일을 하나씩 정성스럽게 하는 것'이다.

'뭘 그런 걸?'이라고 생각할지 모르겠다. 하지만 이 '당연한 일'을 차근차근 쌓아가야 성공이 찾아온다. 실제로 당연한 일을 하지 않아 제자리걸음을 하거나 비즈니스를 철수해야 할 상황에 이르는 사람이 적지 않다.

두 번째 열쇠는

'사람 사이의 관계가 얼마나 중요한지 이해하는 것'이다.

e-비즈니스에서는 조인트로 엄청난 힘과 이익을 얻을 수 있다. 이 책이 공저인 이유도 바로 그 때문인데, 우리도 함께 사업을 진행했기 때문에 각 스테이지를 힘차게 뛰어오를 수 있었다. 한 사람의 도약력으로는 결코 해내지 못했을 성과다.

조인트는 생각지도 못한 시너지 효과를 낸다. 단순하게 생각하면 두 사람이 협력하면 '1명 + 1명 = 2명분'의 성과를 낼 것 같다. 그런데 실제로는 조인트로 '1명 + 1명 = 3명분 이상'의 결과, 때로는 10명분에 가까운 성과를 창출하기도 한다. 반대로 조인트 방법에 따라 1에서 멈추거나 0이나 마이너스를 찍기도 한다. 각 스테이지에서 당연한 일을 착실히 해나갈 때 폭발적인 시너지 효과를 낼 수 있는 내가 되고, 그에 걸맞은 상대를 만날 수 있게 된다. 이것이 이 책에서 말하는 '조인트 사고'의 근간이다. 이 점을 꼭 기억해주기를 바란다.

e-비즈니스는 성장하면서 다음 4단계의 스테이지를 거친다.

제1스테이지. '0→1'의 단계

0단계는 말 그대로 출발 단계다. 1단계는 사업의 시작, 즉 처음으로 수중에 돈이 들어오는 때를 말한다.

시간이 지나도 1단계에 도달하지 못할 것 같다면, 사업이 성립되지 않는 방식이라는 말이므로 개선해야 한다. 파는 사람이 보기에는 아무리 좋은 상품이어도 고객이 가치를 인정하지 않으면(가치가 없다고 판단하면) 팔리지 않는다. 고객이 갖고 싶어 할 만한 상품을 갖추고, 갖고 싶어 할 만한 환경을 조성하는 것이 제1스테이지에서 해야 할 일이다.

이렇게 0단계를 1단계로 만드는 것이 가장 많은 에너지가 필요하다. 실제로 여기서 포기하는 사람이 전체의 80퍼센트에 달한다. 그래서 성공이 어려운 것이다. 실패와 좌절의 요인을 밝혀

내고 계속 수정하면서 0단계를 1단계로 만들어간다. 그것이 성공으로 향하는 크나큰 첫걸음이다.

제2스테이지. '1→10'의 단계

첫 거래를 끝낸 뒤 자기 나름대로 '이렇게 하면 팔린다'라는 감을 잡고 사업규모를 점차 확장하는 단계다.

광고나 블로그, 메일매거진 등의 홍보 수단을 이용해 상품 판매 사이트로 최대한 많은 잠재고객(구매 예상 고객)을 끌어들이고, 사이트를 방문한 잠재고객이 실제로 구매 버튼을 클릭할 수 있게 판매력을 높인다. 고객 수를 늘리고, 백 앤드back end 판매•로 재구매를 유도해 고객당 구매단가를 높인다. 또 효율을 높이고 자동화할 수 있는 부분을 찾아 체계화하고, 매출, 고객 수, 이익률을 높이기 위해 필요하다면 직원을 고용한다. 제1스테이지와 같은 시행착오가 아니라 시스템을 하나씩 구축하면서 사업을 확장하고 매출과 이익을 늘리는 단계다.

• 일종의 미끼 ·싱품인 프런트 엔드front end 상품으로 고객을 끌어들인 뒤 백 엔드 상품으로 이익을 극대화할 수 있다. 208쪽 참조 ─옮긴이

제3스테이지. '10×10=100'의 단계

사업자 간의 조인트로 비즈니스에 레버리지 효과leverage effect*
를 더해 비약적인 성장을 꾀하는 시기다.

자신이 10단계에 왔다고 생각한다면 적극적으로 조인트하자
(10이 되기 전에도 조인트할 수 있지만, 아직 힘이 부족해 만족할 만한 결과를
기대하기 어렵다). 내가 쌓은 점수에 타인의 점수를 곱해 더 나은
방향으로 비즈니스를 펼치는 것이다.

우리 두 사람은 바로 이 시기에 만났다. 당시 우리는 각자 회
사를 경영하면서 이미 그 나름대로 이익을 내고 있었다. 그런데
손을 잡고 자원을 한데 모았더니 힘이 폭발적으로 늘어났고 지
금에 이르렀다.

우리는 사토가 시작한 비즈니스 아카데미에 고지마가 참가하
면서 만났다. 처음에는 강사와 학생 관계였는데, 의기투합해 비
즈니스 아카데미를 운영하기로 했다. 고지마가 운영하던 조경造
景 사업 매칭 비즈니스를 체계화하고, 고객이 원하는 상품·서비
스 정보와 판매자를 연결하는 사업 방식을 동영상으로 만들어

---

* 차입금 등 다른 사람의 자본을 이용해 자기자본이익률을 상승시키는 효과를 일컫는
말로 '지렛대 원리'라고도 한다. —옮긴이

사람들을 가르치기로 했다.

교재의 핵심이 되는 노하우는 고지마가, 온라인 마케팅은 사토가 담당하는 형태로 첫발을 뗐다. 그러자 어떻게 되었을까? 온라인에서만 모집했는데도 한 달 만에 30억 원(두 달에 50억 원)의 매출을 올려 예상을 넘어선 대박을 터뜨렸다. 그 후로도 둘이서 다양한 일들을 시도했다. 그 결과는 서두에서 이야기한 그대로다.

아쉽지만 각자 10을 쥐고 있는 두 사람이 힘을 합쳤는데 20에 그치기도 한다. 반면 방법이나 상대에 따라서는 100이 되기도 하고, 때로는 그 이상이 되기도 한다. 조인트 사고를 십분 활용해 100을 목표로 삼자.

제4스테이지. '100×100…'의 단계

이 단계까지 오면 사업규모가 단숨에 확대되어 직원과 거래처가 급격하게 늘어난다. 계속 억 단위의 프로젝트를 진행하면서 e-비즈니스 업계에 확고하게 자리 잡고, 지금까지와는 확연히 다른 비즈니스 형태를 이루게 된다. 현재 우리가 매진하고 있는 스테이지다.

우리는 그동안 교재와 강좌 등의 콘텐츠 판매 분야에서 e-비즈니스 업계의 매출 기록을 갈아치웠지만, 현재는 e-비즈니스 분야에 국한하지 않고 다양한 사업가와 협업을 진행하고 있다. 또한 비즈니스 아카데미에서 인재를 발굴하고 투자해 시작한 회사가 16곳이다. 이 외에도 조인트 벤처joint venture* 안건과 신사업 오퍼가 끊임없이 들어오고 있다. 가만히 있어도 돈이 되는 아이디어가 쏟아져 들어오는 지금, 그 어느 때보다도 알찬 하루하루를 보내고 있다.

이 책에서는 각 스테이지의 공략법을 4가지 주제로 나눠 설명한다.

그 4가지는 '사람', '기술', '정보', '시스템'이다.

성공을 향해 스테이지를 클리어하고 계단을 오르는 데 반드시 갖춰야 하는 것, 진짜 성공한 사람이라면 누구나 갖추고 있는 '머스트 아이템must item'이다. 그 4가지를 손에 넣어 자유자재로 구사한다면 성공의 길이 눈앞에 펼쳐진다.

• 합작투자. 특정 목적을 달성하기 위해 2인 이상이 함께 하는 공동사업체를 말한다. — 옮긴이

성공의 4가지 스테이지(단계)

각 스테이지 공략법은 사람, 기술, 정보, 시스템 4가지다.

앞서 e-비즈니스는 '방법'과 '마인드'가 전부라고 이야기했다. 올바른 마인드를 갖춘 후 자신이 해야 할 일(당연한 일)을 정성스럽게 하다가 딱 맞는 조인트 상대를 찾는다면, 당신의 비즈니스는 비약적으로 성장할 것이다. 그러면 틀림없이 성공의 문을 열게 된다. 자신을 믿고 묵묵히 실천하자.

성공하지
못하는 이유는
방법이
틀렸기 때문이다

e-비즈니스를 뒷받침하는 7가지 사고

다른 사람에게
조언을 구하지 않는다

e-비즈니스를 시작할 때 가까운 이들에게 조언을 구하는 사람
이 있다. 무슨 마음인지는 알지만 사실 그리 좋은 방법은 아니다.
특히 상대방이 이런 사업에 대해 모르는 상황일 때는 더더욱 그
렇다. 솔직히 말하면 이야기를 나눠서 득 될 게 거의 없다. 아는
사람을 붙잡고 조언을 구하는 게 좋지 않은 이유는 2가지다.

첫째, 사람은 각자 처한 상황이 다르기 때문이다.

사람은 자신의 현재 상황이나 지위에 한정해서 이야기하다
직장인이라면 직장인의 관점에서 의견을 말한다. 자신의 위치

에서 보이지 않는 것은 모르기 때문이다. 자기가 알지 못하는 위치, 즉 다른 위치에 있는 당신의 일을 이해하기는 어렵다.

이를테면 고등학교 수학 선생님에게 '기하학'은 아주 중요할 것이다. 수학 개념으로 봐도 그렇고, 학생에게 가르치는 것이 일이기도 하기 때문이다. 그런데 수학을 싫어하는 학생이라면, 게다가 대학 입학시험에도 필요가 없는 부분이라면 '기하학'은 쓸모없는 골칫덩이일 뿐이다. '기하학 따위 몰라도 잘 살 수 있다'라고 생각할 것이고, 어쩌면 실제로 그럴 수도 있다. 이 두 사람이 서로를 붙잡고 기하학을 토론한들 무슨 소용이 있을까?

즉 가치관이나 상황이 다른 사람은 의견이 달라 대립하는 것이 보통이다. 대립할 게 뻔한데 굳이 의논할 필요가 있을까? '잘 이야기하면 이해해줄 것'이라고 기대할지도 모르지만, e-비즈니스는 모르는 사람에게 설명하기가 꽤 어렵다. 특히 별 볼 일 없는 정보를 인터넷으로 비싸게 팔아온 일부 사람들 때문에 e-비즈니스에 안 좋은 이미지를 가지고 있는 사람도 있다. 그런 사람은 애초에 귀를 닫은 채 당신의 이야기에 반대부터 할 것이다.

둘째, 사람은 다른 사람보다 자신이 우위에 있고 싶은 심리가 있기 때문이다.

한번 상상해보자. 지구 반대편에 사는 브라질 사람이 30억 원짜리 복권에 당첨되었다. 신이 나서 덩실덩실 어깨춤을 추고 있단다. 자, 이 이야기를 듣고 당신은 어떤 감정이 들었는가?

'아, 그래.'

이 정도의 감흥일 뿐 특별히 다른 감정은 들지 않지 않았을 것이다. 그렇다면 복권으로 30억 원을 번 사람이 당신 옆자리에 앉은 회사 동료라면 어떨까? 기뻐하는 모습을 상상하자 왠지 속이 부글부글 끓지 않는가?

'아니, 왜 하필 저 녀석이 30억 원씩이나……. 아, 배 아파!'

이런 생각이 들지 않는가? 사람은 가까운 사람이 자기보다 잘되는 것을 바라지 않는 심리가 있다. 웬만하면 내 주변 사람들은 나와 비슷한 형편이면 좋겠고, 균형이 유지되는 게 편하고 마음이 놓인다. 무의식 속에서 그렇게 생각한다. 그래서 가까운 사람일수록 변화나 성장에 질투가 나고, 마음이 배배 꼬일 가능성이 큰 것이다.

하물며 행운이라면 어떻겠는가? 쓸쓸하지만 그것이 현실이고 어쩔 수 없는 일이기도 하다. 당신이 조언을 구한다고 꺼낸 이야기에 상대방의 마음에 이러한 변화가 일어날 가능성이 큰데, 그렇게 되면 당신에게 유익한 의견이 나올 가능성은 대부분 사라

30억 원짜리 복권에 당첨됐다!

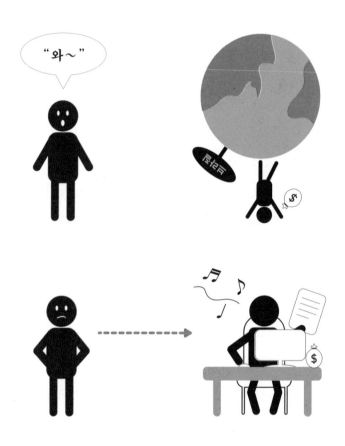

사람은 가까운 사람이 자기보다 잘되는 것을 바라지 않는 심리가 있다.

진다.

여기서 한술 더 떠 "다 너를 위해 하는 얘기"라면서 반대 의견을 내는 경우도 있다. 사실은 자기방어, 즉 당신과 차이가 벌어지지 않았으면 하는 마음에 반대하면서도 본인은 그것을 전혀 깨닫지 못하는 일도 종종 벌어진다. 정말 당신을 위한 일이라 믿고 진지하게 "안 하는 게 좋겠다"면서 몰아붙이기도 한다. 그러면 당신도 '내 일을 이렇게 자기 일처럼 걱정해주는데, 진짜 그만두는 게 나으려나' 하는 마음이 든다.

당신 입장에서는 잘해보려고 조언을 구했다가 냉정을 잃고 잘못된 판단을 내려 최악의 상황으로 치닫게 되는 것이다. 그렇게 되면 당신의 꿈은 빛도 보지 못한 채 사라진다. 당신 편이 되어 당신과 당신이 구상하고 있는 일을 제대로 이해하고 조언해줄 수 있는 사람은 e-비즈니스에서 성공한 사람뿐이다. 주변 사람은 절대 아니다.

다만 이런 경우라면 도움이 될 수도 있다. 나의 결심과 결의를 확인하는 시금석試金石이 되는 경우다. 자초지종을 들은 친구가 하는 말에 내가 어떻게 반응하느냐로 나의 신념을 시험해볼 수 있다는 뜻이다. 상대의 반대 의견을 듣고 망설여진다면, 아직은 시작할 타이밍이 아닐지도 모른다. 그럴 때는 다시 한 번 왜 e-

비즈니스를 하는지 자기 자신에게 물어보자. 그래도 해야겠다는 결심이 선다면 힘차게 달려나가면 된다.

참고로 당신의 가족에게는 e-비즈니스를 한다고 미리 이야기 해두는 것이 좋다. 그렇지 않으면 물리적으로 작업하기 어려운 경우가 생길 수 있기 때문이다. 진지한 태도로 e-비즈니스를 시 작하는 목적을 정확하게 이야기하고 이해를 구하자.

모든 것은
자신의 책임이다

e-비즈니스를 시작하기 전에 알아둘 것이 있다. 당연한 말이지만 e-비즈니스를 시작했다고 해서 바로 꽃길이 펼쳐지는 것은 아니다. 어지간해서는 우여곡절을 피할 수 없을 것이다. 다 때려치우고 싶은 순간이 올 수도 있다. 부단한 노력이 필요한 시기다. 성공하고 싶은 마음이 클수록 쉴 새 없이 공부해야 한다.

그런데 때때로 아카데미에 다니거나 교재를 샀는데 일이 잘 풀리지 않는다 싶으면, 운영자와 집필자를 공격하고 비난하는 사람이 있다. 내가 성공하지 못하는 이유는 구매한 교재가 엉망이라서, 아카데미에서 잘못 가르쳤기 때문이라면서 말이다. 하지만 그 교재와 아카데미에 돈을 낸 사람은 자기 자신이다. 여러

모로 비교해보고 최선의 선택을 했을 것이다. 그래놓고 마치 피해자인 양 다른 사람을 비난하고 핑곗거리를 찾는다. 이런 자세로는 성공하기 어렵다.

당연한 말이지만, 교재 구매가 성공을 보장하지는 않는다. 수업을 들었다고 선생님이 성공으로 가는 에스컬레이터에 태워주는 것도 아니다. 터득한 노하우와 기술을 살려 성공을 부를 수 있는 것은 당신의 생각과 행동이다.

일이 잘 풀리지 않을 때, 또 문제가 발생하거나 위기에 처했을 때 외부 요인이나 남 탓을 하는 사람의 경우 안타깝지만 사업에서 성공할 타입은 아니다. e-비즈니스라는 형식 때문에 의식하기 어렵지만, e-비즈니스를 시작한 순간부터 당신은 '경영자'다. 경영자라는 타이틀을 달았다면 모든 것은 '내 책임'이다.

'사업 시작 후 일어나는 일은 전부 자신의 탓'이라고 생각하는 자세가 필요하다.

'경영'이라고 하면 "저는 부업으로 용돈벌이나 하면 다행이라고 생각해요. 그런 스케일의 이야기는 저와 거리가 먼 것 같아요"라고 말하는 사람이 있다. 그러나

자신의 사업을 운영하는 이상 아무리 작은 규모일지라도 경영자의 시각을 갖춰야 한다.

당신 혼자, 그것도 부업으로 하는 사업이라 해도 당신은 그 사업의 오너이자 리더다. 당신의 판단과 행동이 그 사업의 경영방침이며 지침이 된다.

준비 단계라 해도 마찬가지다. 만일 누군가에게 사기를 당하거나 배신당한다고 해도 경영자인 내 책임이라고 생각하고 대책을 마련해야 한다. 물론 일이 잘 풀렸을 때는 자신의 방식에 자신감을 가지면 된다.

e-비즈니스는 자신의 판단과 행동이 성공과 실패를 좌우한다.

이 사실을 명심하라.

'하루 30분 일하고 월수입 1,000만 원'은 사실일까

'e-비즈니스는 편하게 돈 벌 수 있는 것.'

만약 당신이 그렇게 생각하고 있다면 그 선입관은 하루라도 빨리 깨부수기를 바란다. 그 생각이 머릿속에 있는 한 성공은 불가능하다.

그런데 어느 순간부터 e-비즈니스라고 하면 '잠자고 있는 동안에도 거금이 착착 들어온다' 혹은 '하루 30분 일하고 월수입 1,000만 원' 같은 이미지가 생긴 듯하다. 그렇게 달콤하기만 한 이야기가 어디 있겠냐고 생각하는 사람이 대부분이겠지만, 수입이 늘어 풍족해지고 싶은 열망이 있는 사람에게는 아주 매력적인 말로 들리는 듯하다.

실제로 e-비즈니스를 시작하기만 하면 돈을 벌 수 있다고 믿는 사람을 상담해준 적이 여러 번이다. 분명히 말하지만, 사행심을 부추기는 광고에 이끌려 손쉽게 돈을 벌 수 있다는 생각으로 e-비즈니스를 시작한다면 틀림없이 실패한다.

그렇다고 '하루 30분'이라는 매력적인 문구가 말도 안 되는 엉터리에 사기인가 하면 꼭 그렇지만은 않다.

사실 나만 해도 오늘부터 한 달 동안 여행을 떠나도 계좌에 돈이 들어올 수입원이 여럿이다. 어필리에이터affiliater• 활동을 하는 지인 중에도 하루에 한두 시간 정도만 작업하는 사람이 많은데, 며칠 동안 아무 일을 하지 않아도 월수입 1,000만 원은 거뜬히 벌 수 있을 것이다. 한 달에 5,000만 원, 1억 원을 버는 고수도 있다.

여기서 오해하지 말아야 할 것은 그들이 처음부터 그랬던 것은 아니라는 사실이다. 안정적인 수입 구조를 만들기까지 그들

• 기업과 제휴를 맺은 뒤 자신의 블로그나 SNS를 통해 상품을 홍보하고 수수료를 받는 사람을 말한다. —옮긴이

은 그에 걸맞은 작업량을 소화해냈다. 그 시간과 노력이 쌓여 현재가 있는 것이다.

내 이야기를 하면, 나(사토)는 어필리에이터로 e-비즈니스를 시작했다. 처음 한 달 동안은 그야말로 잠잘 시간까지 줄여가며 하루 종일 컴퓨터 앞에 앉아 있었다. e-비즈니스가 도입된 지 얼마 안 된 시기였던 터라 바로 다음 달에 1,220만 원의 수익을 올릴 수 있었다. 비즈니스 세계는 대충 일하고도 성공할 만큼 만만한 곳이 아니다. 실제로 오랫동안 꾸준히 수익을 내는 e-비즈니스 사업가들에게 물어봐도 처음에는 일밖에 모르고 살았던 시기가 있었다고 입을 모아 말한다.

다만 e-비즈니스는 레버리지 효과가 아주 크다는 특징이 있다. 그래서 초반에 열심히 해두면 '하루 30분 일하고 월수입 1,000만 원', 나아가 '며칠씩 일을 안 해도 수천만 원의 수입'을 손에 넣을 수 있는 시스템에 도달하기 쉬운 것도 사실이다. '하루 30분 일하는' 매력적인 삶을 실현하는 것은 전적으로 당신에게 달려 있다.

e-비즈니스는
비즈니스의 한 형태일 뿐이다

앞에서 이야기한 내용과 조금 관련이 있는데, e-비즈니스가 어떤 특별한 형태의 비즈니스라고 생각하는 사람이 적지 않다. 언뜻 보면 그럴지도 모른다. 하지만 이는 아주 큰 착각이다. e-비즈니스 등장 이전의 실제 비즈니스와 기본은 같다(여기서 말하는 '실제'란 인터넷 이외의 커뮤니케이션을 말한다. 이 책에서 종종 쓰는 표현이니 기억해두기를 바란다).

e-비즈니스는 상품·서비스를 판매하는 무대가 '인터넷'이라는 사실만 다르다.

해야 할 일의 본질은 여타 비즈니스와 같다. 고객이 원하는 것을 제공하고, 대가로 돈을 받는 상행위(거래)를 인터넷을 거쳐 하는 것뿐이다. 어떤 고객을 대상으로 할지, 어떻게 고객을 끌어들일지, 어떻게 해야 저렴하면서도 고품질의 상품을 입수할지, 어떻게 해야 경쟁자를 이길 수 있을지를 똑같이 고민한다. 고객을 모으고, 주문을 받는 등 비즈니스에 관한 다양한 행위를 하는 장소가 대면과 전화에서 인터넷상으로 옮겨졌을 뿐, 하는 일은 똑같다고 생각하면 된다.

그리고 또 하나 잊어서는 안 될 중요한 사실이 있다.

내가 지금 상대하고 있는 존재가 눈앞의 컴퓨터가 아니라 고객, 즉 '사람'이라는 점이다.

인터넷에서는 고객과 말 한마디 하지 않고도 상품을 팔 수 있다. 발품을 팔아 영업하지 않아도 홈페이지, 메일 등의 수단을 이용해 고객과 접촉할 수 있다. 그러다 보니 자신도 모르게 '사람'을 상대하고 있다는 사실을 잊게 된다. 하지만 인터넷은 매체이고 도구일 뿐이다. e-비즈니스를 한다면 이 사실을 반드시 기억해야 한다.

돈을 지불하는 고객은 누구인가?

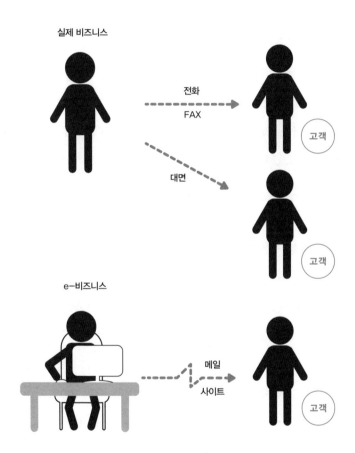

실제 비즈니스

전화
FAX

대면

고객

고객

e-비즈니스

메일
사이트

고객

상대는 우리와 같은 사람이다.

이제는 지구상의 어떤 상품이든 '인터넷'에서 비즈니스를 시작하고 매출을 높이는 데 활용할 수 있다. 동네 채소 가게나 이발소 사장님도 자신과는 무관하다며 뒷짐 지고 있을 수만은 없다. 인터넷은 사용자 한 사람 한 사람이 더욱 주체적으로 관여할 수 있는 획기적인 수단으로, 이를 비즈니스에 활용하면 황금 같은 기회를 만날 수 있다.

비즈니스 모델을 처음 완성할 때까지는 당연히 많은 시간과 노력이 필요하다. 하지만 인터넷 시스템을 이용하면 실제 비즈니스로는 얻기 힘든 부와 자유를 누릴 수 있게 된다.

실제로 우리는 인터넷의 이점인 '자동화'와 '효율화' 시스템을 최대한 이용하면서 실제 비즈니스 방식을 따라 비즈니스를 펼치고 있다. 사업 확장에 인터넷만 이용하는 것이 아니라 사무실을 임대하고 직원을 고용하면서 경영과 운영 부문을 자동화했다. 사람을 고용하면 사업을 복제(간단히 말하면 공통의 사업계획 business scheme으로 다른 사업을 시행하는 것. 자세한 내용은 193쪽 참조)할 수 있는데, 그 덕에 불과 서너 명이 일하는 회사에서 100억 원 이상의 매출을 올릴 수 있게 되었다. 직원이 더 많은 부분의 일을 맡아서 하다 보니 우리는 경영자로서 신사업 구상에 전념할 수 있었고, 수입도 점차 늘어나게 된 것이다.

실제 비즈니스의 정신으로 인터넷을 활용하는 것,

그것이 e-비즈니스에 접근하는 올바른 방법이다.

성공으로 가는 길은
곡선이다

미국 메이저리거의 스즈키 이치로鈴木一朗는 일본에서 프로에 입단한 뒤, 초반 2년은 1군과 2군을 왔다갔다했다. 수많은 신기록으로 새로운 역사를 쓴 현재 그의 모습으로는 상상하기 어렵지만, 그는 꽤 오랜 시간 빛을 보지 못했다. 하지만 2년 동안 그는 주변에서 뭐라고 하든 자신의 길을 믿고 끊임없이 노력했다. 그랬기에 3년차에 꽃을 피울 수 있었다.

이치로 선수의 일화에서도 알 수 있듯이 노력의 결과는 어느 정도 잠복 기간을 거쳐 드러난다. 성과 역시 노력에 비례해 직선으로 나타나지 않는다. e-비즈니스에서도 마찬가지다. 아무리 노력해도 좀처럼 성과가 나지 않는 시기가 있다. 특히 제1스테이지(32쪽 참조)에서는 흔히 있는 일이다. 그 상황이 너무 힘든 나머지 '이렇게 고생하는데 팔리지 않는다는 건 이 비즈니스 모델이 애초에 말이 안 되는 것이었나 보다' 하고 그만두는 사람이 적지 않다. 실제로 이 단계에서 포기하는 사람이 전체의 약 80퍼센트를 차지한다.

그 심정은 모르는 바 아니다. 하지만 기껏 시작했는데 여기서 그만두는 것은 너무나 안타까운 선택이다. 왜냐하면 실제로 딱 한 발만 더 내딛으면 성공에 이르는 곳까지 와 있기 때문이다. 그중에는 어렵게 첫 거래를 이루고, 제2스테이지(33쪽 참조)에 들어섰는데 '고작 1개를 파는데 이렇게 힘들면 100개를 파는 데는 지금의 100배 노력이 들어간다는 말인가. 더는 못 하겠다'라며 매출이 발생해도 무기력해하는 사람도 있다. 아주 조금만 더 노력하면 스즈키 이치로처럼 꽃을 피울지도 모르는데, 기가 꺾여 버리는 사람을 자주 본다.

대부분의 사람들이 아무리 노력해도 성과가 나지 않는 시기를 겪는다.

현재 성공 가도를 달리는 사람들도 대부분 이 시기를 경험했다. 단지 그때 그만두지 않았기 때문에 지금 수천만 단위, 억 단위로 돈을 벌 수 있는 것이다. 성공한 사람들은 눈에 띄는 성과가 없어도 묵묵히 지금 해야 할 일을 했다는 공통점이 있다. 한결같은 마음으로 착실하게 노력하다 보면 어느 시점부터 갑자기 성과가 나면서 매출이 급상승한다.

노력의 결과가 마치 우주선이 순간 이동하듯 급상승하는 날이 찾아온다!

우리도 과거를 돌아보면 급커브를 그리며 실적이 상승한 시기가 몇 차례 있었다. 《나만의 성공 곡선을 그리자》의 저자이자, 우리가 위급할 때마다 흔쾌히 경영 상담을 해주시는 이시하라 아키라石原明 선생은 이 법칙을 '성공 곡선'이라고 불렀다.

오른쪽 그림이 성공 곡선인데, 그림에서 보는 것과 같이 아무리 열심히 공부하면서 노하우를 터득하고 실천해도 성공을 향한 곡선은 바로 상승하지 않는다. 상승은커녕 눈에 띄는 성과도 없이 오랫동안 보합 상태가 이어진다. 대다수는 이 단계에서 '이렇게 열심히 하는데 적어도 이 정도 성과는 나와야 하는 것 아닌가?', '역시 이 일이 나와 맞지 않는 걸까?' 하면서 불안해한다.

성공 곡선

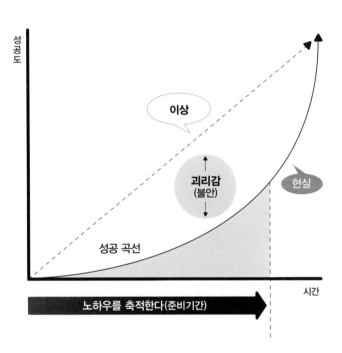

출처: 《나만의 성공 곡선을 그리자》 중에서

자신의 이상과 현실에 대한 괴리를 느끼고, 시간이 지나면서 스트레스가 많아진다.

포기하는 사람은 대부분 이 스트레스에 무너진 것이다. 그러나 이 스트레스를 끝까지 견디면서 노력하면, 마침내 축적된 노력이 임계점에 달하면서 돌파구가 열리고 어느 날 갑자기 결과가 나타나기 시작한다. 이후 곡선은 급커브로 상승하면서 단숨에 폭발적인 성과를 창출한다.

임계점은 사람에 따라, 또 비즈니스에 따라 다르므로 일괄적으로 기준을 세울 수는 없다. 다만 꾸준함을 유지한다면 e-비즈니스의 경우 1~2년을 넘기지는 않을 것이다. 우리 수강생들 중에도 3개월 동안 착실하게 시장조사를 하면서 기초를 다지다가 4개월차에 갑자기 월수입 1,400만 원을 달성한 사람이 있었다. 그 수강생은 3개월 내내 수면 시간을 쪼개고 주말까지 반납하며 단단히 준비해왔다. 힘들다고 하소연한 시기도 있었지만 그때의 노력이 큰 보상으로 돌아온 셈이다.

노력은 하는데 일이 잘 풀리지 않을 때는 '성공 곡선'이 돌파구를 찾기 전의 도움닫기 기간이라고 생각하면 된다.

성과가 나지 않는다고 성급하게 내팽개치지 말자. 차곡차곡 다진 노력이 놀라운 비약의 시기를 맞이할 것을 믿어야 한다. 그리고 내가 지금 성공 곡선의 어느 위치에 있는지를 냉정하게 주시하고 노력하자.

포기하면 거기서 끝이다. 목표지점과의 괴리감이 크다고 괴로워할 필요는 없다. 다가올 성공의 날을 위해 지금 해야 할 일을 계속해나가자.

'실패야말로 행운!'
비상식적인 사고가 성공으로 이끈다

수강생들과 이야기를 나누면서 공통적으로 느낀 점이 있다. 그것은 실패를 이상하리만치 두려워한다는 점이다. 분명히 이야기하지만,

비즈니스에는 헛발질과 실패가 따르는 법이다.

잘못됐다면 개선하면 그만이다.

과연 실패 없는 비즈니스가 존재할까? 옛날부터 비즈니스 세계에서는 '센미쓰センミッ*, 라고 해서 상품기획안 1,000개를 내면 그중에서 3개만 상품이 된다고 했다. 실제로 위대한 경영자

도 수없이 실패를 경험했다. 중요한 것은 얼마나 계속해낼 수 있느냐다.

앞서 말했듯이 노력이 결과로 나타나려면 일정 기간이 필요하다. 방법을 바꿔보고, 취급상품을 바꿔보고, 아예 분야를 변경해보는 등 자신만의 방식으로 비즈니스를 완성해나가는 기간이 분명 있어야 한다.

이렇게 말하면 어폐가 있을지 모르겠지만, 비즈니스가 자리매김하는 데는 실패하는 것이 가장 좋다. 실패는 케이스 스터디 case study로 축적되어 다음 비즈니스의 밑거름이 된다.

비즈니스를 하다 보면 만날 수밖에 없는 장벽과 실패를 '행운'으로 여길 정도의 비상식적인 사고가 필요하다.

처음 볼링장에 갔을 때를 떠올려보라. 어쩌다 들어맞은 경우를 제외하곤 첫날부터 스트라이크를 친 사람은 거의 없을 것이다. 초반에는 공이 자꾸 거터로 빠지고, 겨우 한두 개의 핀만 넘어뜨린다. 하지만 몇 번 반복하다 보면 감을 잡아 '이렇게 하면

• '센'은 1,000, '미쓰'는 3개를 뜻한다. —옮긴이

어떨까?', '아까 이렇게 해보니 안 되었으니까 이번에는 이렇게 해볼까?' 하고 볼링공을 굴리는 방법을 의식적으로 바꾸게 된다. 그러면 어느새 볼링공이 센터핀(center pin, 1번 핀)으로 향하면서 스트라이크를 치게 된다.

유명한 일화를 하나 소개하겠다. 발명왕 에디슨Thomas Edison은 전구를 발명할 당시 전류를 빛으로 바꾸는 필라멘트 소재를 5,500종류나 준비해 전부 실험해볼 요량이었다고 한다. 약 2,000종류의 실험을 끝냈을 때, 부인이 이제 그만하는 게 어떻겠냐고 말했다. 그러자 그는 "아직 3,500종류나 남았으니까 반드시 전구를 완성할 거요"라고 대답했다고 한다. 실로 비범한 인물이다.

딱 한 번 실패했다고 포기한다면 이 세상엔 아무 일도 일어나지 않을 것이다. 성공 확률이 20퍼센트인 비즈니스에 10번 도전할 기회를 얻는다면, 빠르게 8번 실패를 경험한 사람이 성공을 거머쥔다.

빠르게 실패를 경험하려면 일단 끝까지 완성해봐야 한다. 세부적인 완성도에 얽매이지 말고 판매할 수 있는 수준까지 끌고 가보자. 고객의 반응을 보기 위한 판매 테스트라고 생각하면 된다. 반응을 파악하고 나면 나아가야 할 방향이 보일 것이다. 그러면 고객의 반응을 반영하고 다시 개선해서 팔아보는 것이다. 이런 식으로 다방면으로 여러 가지 시도를 하다 보면 어느 순간 '적중'하게 된다. 초반에는 여러 각도에서 시도해보는 것이 가장 중요하다. 질보다 작업량을 중시하자.

실패하더라도 리스크를 상당히 줄일 수 있다.
이것이 e-비즈니스의 특징이다.

실제 비즈니스에서는 리스크가 매우 크다. 내(사토)가 카페를 창업해봤던 것처럼 실제로 매장을 내는 데는 몇천만 원의 자금이 필요하고, 매출이 나지 않는다고 쉽게 형태를 변경할 수도 없다. 최악의 경우 투자금을 전부 날리기도 한다.

하지만 e-비즈니스는 다르다. 실패하면 처음부터 다시 하면 된다. 헛발질과 실패를 두려워하지 말고 가능성이 보이는 것은 시도해보면서 히트상품을 찾아나가면 된다. e-비즈니스는 그렇게 해도 된다.

동기부여는
행동에서부터

　지금까지 e-비즈니스를 시작할 때 필요한 마음가짐에 관해 이야기했다. 나도 한번 해보겠다는 결심이 섰다면 다행인데, 자신감이 떨어졌다거나 성공 곡선이 솟구칠 때까지 열심히 할 수 있을지 오히려 불안해진 사람도 있을 것이다.

　일을 막 시작한 사람 중에 "자꾸 의욕이 떨어져 힘들다"라며 토로하는 사람을 종종 만난다. 성공하고 싶어서, 풍족해지고 싶어서 부지런히 공부하면서 비즈니스를 시작했는데, 기대만큼 진전이 없어 좌절하는 모습을 보면 안타까울 따름이다. 새로운 변화를 주고 싶지만 막상 행동으로 옮기기 어렵거나 자꾸 제동이 걸리는 것은 흔히 있는 일이다.

마음으로는 분명 성공하고 싶고 변하고 싶은데,

이상하게 몸이 따라주지 않는 것은 방어본능 때문이다.

인간의 뇌는 원래 '변화'를 좋아하지 않는다. 구조상 습관을 바꾸면 불쾌감을 느끼게끔 만들어져 있다. 아무것도 바뀌지 않는 상황이 편안하니까 뇌는 변화를 꺼린다. 바뀌어야 한다고 생각하지만 자기도 모르게 바꾸지 않아도 될 이유를 잔뜩 만들어놓는다. '이 노하우는 별로 쓸모가 없겠는데?', '해봤는데 안 되면 시간 낭비잖아' 등 뇌는 '하지 않을 이유'를 찾고 먼저 경계선을 그어버린다. 이를 '안전지대', 다른 말로 '컴포트존comfort zone'이라고 한다.

밖으로 나오지 않는 한 큰 성공도 없지만 위험도 없는 것이 안전지대다. 그 편안함에 컴포트존에서 헤어나오지 못하는 사람도 있다. 열심히 해야 할 동기부여도 완전히 떨어진다. 일상생활은 전과 다를 바 없는데, 미래를 바꾸고 싶다는 생각만으로는 마법과 같은 성공은 일어나지 않는다.

새로운 미래를 원한다면 꾸준한 동기부여를 통해 컴포트존을 탈출해야 한다.

컴포트존(comfort zone)

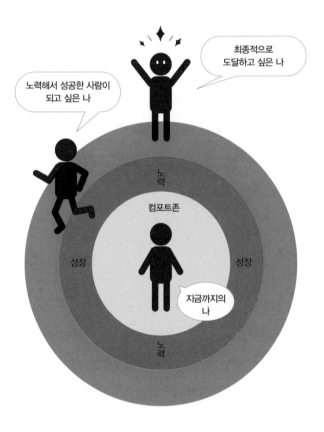

컴포트존(안전지대)을 벗어나 자신에게 변화를 주자.

컴포트존을 벗어나기 위한 방법은 3가지다.

첫째, 환경을 최대한 바꿔라. 동기부여가 되는 사람 옆에 있으면 긍정적인 영향을 받아 게으름을 피울 겨를이 없다. 비즈니스 아카데미에 다니고 있다면 선생님과 동기에게 수시로 메일, 전화 등으로 연락하는 것이 바람직하다. 아직 시작하지 않은 사람이라면 교재나 아카데미의 커뮤니티에 적극적으로 참여하고, 같은 뜻을 가지고 있는 동료와 교류하는 것이 좋다.

둘째, 가능하면 아무것도 생각하지 말고 일단 움직여라. 늘 다른 사람들과 붙어 있을 수는 없다. 혼자서도 동기부여를 높이고 싶다면 억지로 기분을 좋게 하려고 애쓰는 데 시간 보내지 말고 일단 작업을 시작하자. 동기부여가 된 뒤에 열심히 해야겠다고 생각하니까 어려운 법이다. 실제로는 그 반대다. 오직 행동만이 동기를 지속시킨다.

혹시 이런 경험이 있지 않은가? 숙취상태에도 넥타이만 매면 비즈니스 모드가 되고, 흐트러져 있다가도 마스카라만 바르면 여성으로서 자신감이 생기는 경험 말이다. 이처럼 마음속 스위치를 누르는 행동이 정해져 있는 사람도 있을 것이다. 마찬가지로 '어떤 행동을 하면 e-비즈니스에 대한 의욕이 솟구치면서 집중이 되는' 동작을 정해두는 것도 좋은 방법이다.

하지만 그 행위를 하기 전에 또다시 망설이게 될 수도 있으니 일단은 움직여라. 깊이 생각하지 말고 먼저 컴퓨터 앞에 앉아 키보드를 두드려라. 하려고 하는 작업과 관련된 단어를 검색하거나 정보원이 되는 블로그나 SNS를 살펴보는 것도 괜찮다. 그렇게 하는 동안 차츰 시동이 걸리고 점점 집중하게 될 것이다.

셋째, 작업 일정을 정하고 매일 그대로 실천하라. 두 번째 방법과 비슷한데, 일정을 정한 후 어떤 상황에서든 일정에 맞춰 작업을 시작하는 방법이다.

가능하면 일정은 쉽게 습관화할 수 있도록 매일 비슷한 시간대로 정하는 것이 좋다. 이를테면 '하루를 마무리하는 밤 10시부터 새벽 1시까지는 e-비즈니스의 시간'으로 정한 뒤, 깊이 생각하지 말고 무조건 컴퓨터 앞에 앉는다. 시동이 걸리지 않아 컴퓨터 앞에서 멍하게 있어도 상관없다. 매일 같은 시간대에 e-비즈니스 작업을 한다는 '습관', 나만의 루틴routine을 만드는 것이 중요하다. 그러다 보면 매일 그 시간에 컴퓨터 앞에 앉지 않으면 안 되는 상태가 된다. 그렇게 되었다면 성공이다.

인간은 동기부여가 된 후에 행동하는 존재가 아니다.

행동해야 동기부여가 되는 존재다.

e-비즈니스로 성공하는 데 중요한 것은 '해야 할 일을 한다는 당연한 행동'과 '나는 할 수 있다고 진실로 믿는 마음'이다. 이 2가지가 당신의 미래를 바꿀 것이다.

혼자서는
성공할 수 없다

e-비즈니스 성공의 필수 요소 '사람' 1

e-비즈니스는
인간관계가 전부다

e-비즈니스에서는 인간관계가 원활하고 커뮤니케이션 능력이 뛰어난 사람이 성공한다. 이 이야기를 듣고 의외라고 생각하거나 거부감을 느낄 수도 있다. '인간관계가 서툴러서 가능하면 직접 사람을 만나지 않고 컴퓨터 작업만으로 완성되는 e-비즈니스가 좋겠다'라고 생각하고 시작한 사람도 적지 않을 테니까 말이다. 그렇게 생각했다면 잘못 판단한 것이다.

당신의 사업 상대는 엄연히 '사람'이다.
당신에게 돈을 지불하는 것은 감정과 개성을 가진 살아 있는 사람이다.

어떤 비즈니스든 비즈니스는 다른 사람과 소통하면서 성립된다. 소통 장소가 대면인지, 전화를 사용하는지, 인터넷에서 이루어지는지가 다를 뿐이다.

e-비즈니스는 사이트, 블로그, 메일 등의 전자매체에서 주로 거래가 이루어지므로 고객과 직접 만나는 일은 거의 없다. 그렇기 때문에 오히려 대면할 때보다 더 세심하게 주의를 기울여서 고객을 대해야 한다.

사이트와 메일에는 당신이 생각하는 것 이상으로 판매자인 당신의 인격이 고스란히 드러난다. 실제로 '사이트의 문구가 마음에 들지 않아서 구매하지 않았다', '메일 내용이 너무 기계적이라 취소했다'라는 의견은 드문 일이 아니다. 컴퓨터와 인터넷이 당신의 방패막이가 되어주지는 않는다.

'타인에게 관심을 가지고, 타인을 알아가고, 타인의 호감을 얻어라.'

이것이 비즈니스의 철칙이다. 고객을 이해하는 것은 비즈니스의 본질로서 앞으로도 변하지 않을 것이다. 이 철칙을 이해한 뒤에 인터넷이라는 효율적인 도구를 활용해야 수입이 폭발적으로 늘어난다. 아무리 최신 툴과 시스템을 도입해도 '고객의 마음을 사로잡는 커뮤니케이션'이 이루어지지 않는다면 고객이 늘지 않는 것은 물론 큰돈을 벌 수도 없다. e-비즈니스에서는 커뮤니케이션 방식이 성패를 좌지우지할 정도로 중요한 요소다.

e-비즈니스에서 다른 사람과 소통하는 상황은 크게 2종류로 나눌 수 있다.

1_ 외부: 고객과 맺는 관계(당신이 상품·서비스를 제공하는 상대)

2_ 내부: 비즈니스 관계자와 맺는 관계(당신이 상품·서비스를 준비할 때 상대하는 관련업체·매입업체)

양쪽 모두 비즈니스를 완성하는 데 빠뜨릴 수 없는 사람들이다. 이제부터는 창업, 즉 e-비즈니스를 시작한다는 것을 전제로 시간순으로 설명해보겠다.

e-비즈니스와 관련된 사람들

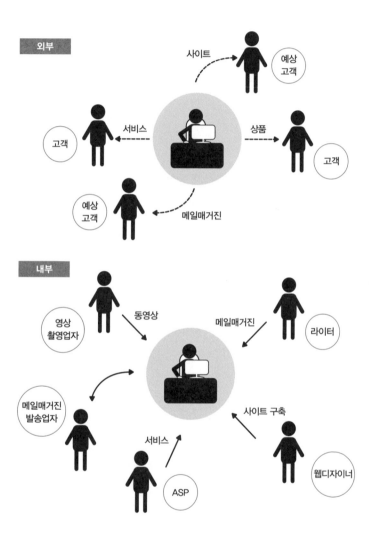

외부

사이트 → 예상 고객

서비스 → 고객

상품 → 고객

메일매거진 → 예상 고객

내부

영상 촬영업자 → 동영상

메일매거진 → 라이터

메일매거진 발송업자

서비스 → ASP

사이트 구축 → 웹디자이너

e-비즈니스는 혼자서는 할 수 없다!

비즈니스의 질을 높이는
커뮤니케이션 방법

　우선 앞에서 이야기한 비즈니스 준비 단계 중 '내부: 비즈니스 관계자와 맺는 관계'에 관해 말해보려고 한다.

　e-비즈니스라고 하면 혼자서도 쉽게 할 수 있는 비즈니스라고 생각하는 사람이 많다. 그런 류의 책도 나오고 있는데, 실제로 우리 주변에서 혼자 일하면서 계속 성공했다는 사람은 본 적이 없다. 반드시 일정 단계에 이르면 다른 사람과의 관계가 필요하다.

　뒤에서 자세히 설명하겠지만, 우리는 꼭 e-비즈니스가 아니라도 새롭게 비즈니스를 시작할 때는 기초부터 탄탄히 다져야 한다고 생각한다. 내실 있는 강의나 정보교재로 먼저 공부해야 한다는 뜻이다. 그렇게 되면 아카데미나 교재를 주축으로 한 선생님, 동료, 선배들과 먼저 어울리게 된다. 이어서 비즈니스를 실제로 만들어가는 데 필요한 업체들이 있다. 주요 관계자를 추려보면 사이트를 만들어주는 웹디자이너, 라이터, ASP(Affiliate Service Provider, 애플리케이션 서비스 제공업체) 담당자, 메일매거진 발송업자, 영상 촬영업자 등이 있다.

비즈니스 종류에 따라 차이는 있겠지만, 판매를 시작하기도 전에 많은 사람들과 커뮤니케이션을 해야 한다. 이처럼

하나의 비즈니스를 위해 보이지 않는 곳에서 일하는 사람들과의 관계를 탄탄히 다져두면 비즈니스의 질이 크게 달라진다.

어필리에이트를 한다면 안건 선택과 사이트 완성도에, 정보 판매 기업이라면 상품인 교재 자체에 영향을 준다. 또 이때 쌓은 인맥과 경험, 교섭력 등은 비즈니스를 오래도록 안정적으로 이어나가게 해주는 최초의 자산이 된다. 업무상 맺은 인간관계의 질이 비즈니스 성공의 키포인트가 되기 때문이다.

우리는 아카데미나 세미나 등에서 초반에 최대한 많은 사람들을 만나라고 조언한다. e-비즈니스인데 사람들과의 만남을 권

하면 거부감을 느끼는 사람도 있을 것이다. 하지만 관계자에게 외주하려고 해도 상대의 실력과 나와의 호흡을 고려해야 한다. 예를 들어 사이트를 제작할 때 내가 생각하는 모습을 웹디자이너가 충실히 구현해주기를 원한다면, 실제로 후보들을 만나보고 요구에 응해줄 사람을 찾아야 한다.

물론 인터넷으로 찾을 수도 있다. 인터넷상에는 자택에서 작업을 의뢰 받아 일하는 소호족SOHO族*을 찾아주는 서비스도 있어서 메일을 주고받으며 의뢰할 수 있다. 다만 당신의 요구사항을 메일로만 전달해야 하는 불편함이 발생한다. 그렇다고 어설픈 타협은 금물이다.

사이트는 비즈니스의 얼굴이다. 따라서 처음에는 직접 만나서 상의하기를 추천한다. 외주처가 멀어서 만나기 어렵다면 전화나 화상 등을 이용해 소통해보자.

자신의 생각과 의견을 좀 더 상세히 전달하고 마음이 통하려면 직접 만나야 한다.

---

* 'Small Office Home Office'의 머리글자를 따서 만든 신조어. 컴퓨터를 이용해 집이나 작은 사무실에서 일하는 소규모 자영업자, 개인사업자를 말한다. —옮긴이

그래서 메일이나 채팅보다는 전화가 낫고, 전화보다는 직접 만나는 것이 낫다. 이것은 내부 관계자도 그렇고, 외부 관계자인 고객도 마찬가지다.

오른쪽 그림은 주요 커뮤니케이션의 우선순위다. 확실히 기억해야 할 그림이다. 실제로 우리는 항상 이 우선순위를 바탕으로 비즈니스를 구축한다. e-비즈니스임에도 불구하고 인터넷에만 의존하지 않는 마케팅 기법으로 우리는 큰 성공을 거두었다. 역설적인 말이지만, 이 세상에서 인터넷이 사라진다고 해도 아무 문제 없이 돈을 벌 자신이 있다. 또 그런 경영자가 마지막에는 가장 강한 자라고 생각한다. 그렇기 때문에 집요할 만큼 '사람'과의 커뮤니케이션의 중요성을 강조하는 것이다.

참고로 우리가 생각하는 인간관계의 비법은 다음의 4가지다.

1. 내가 먼저 상대에게 준다.

2. 상대의 호감을 얻는다.

3. 자연스럽게 상대의 도움을 받는다.

4. 은혜를 잊지 않고 갚는다.

이게 전부다!

사람과의 커뮤니케이션 우선순위 대원칙

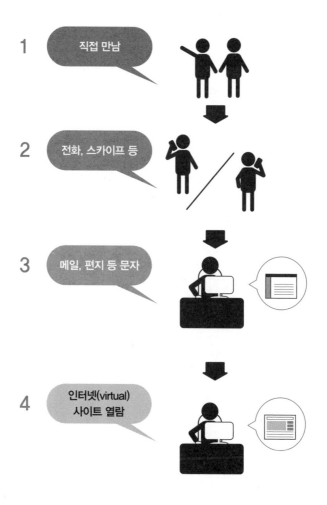

1 직접 만남

2 전화, 스카이프 등

3 메일, 편지 등 문자

4 인터넷(virtual) 사이트 열람

커뮤니케이션 밀도가 높아지면 성과도 커진다.

너무 간단하고 당연한 얘기로 들리겠지만, 이 4가지만 확실히 실천해도 인간관계는 완전히 달라진다. 우리는 이 4가지를 e-비즈니스뿐 아니라 어떤 세계에서도 통용되는 '인간관계의 황금률'이라고 생각한다. 지금 당장 전부 실천하기 어렵다면 가능한 것부터 시작해보자.

교재와 아카데미를
최대한 활용하라

앞에서 이야기한 바와 같이 우리는 e-비즈니스를 시작할 때 '선생님' 역할이 필요하다고 생각한다. 외부에서는 e-비즈니스로 돈 버는 시스템이 잘 보이지 않기 때문에 누군가가 알려주지 않는 상태에서 처음부터 만들어가기란 어렵다.

온라인 쇼핑몰 등에서 일해본 경험이 없다면 믿을 만한 아카데미나 교재로 공부하고 나서 시작하는 것이 무난하다. 그런데 사실 e-비즈니스 입문서 자체가 드문데다 얻을 수 있는 정보도 제한적이다. 책이 많지 않은 이유는 e-비즈니스 분야가 워낙 급변하다 보니 노하우의 유통기한이 짧아 일반서적으로 적합하지 않기 때문이다.

처음에는 일단 인터넷을 정보원으로 두고, e-비즈니스 관련 세미나를 수강하거나 정보교재 구매 혹은 비즈니스 아카데미에 들어가 공부하기를 추천한다.

기본적으로는 자격증 취득이나 일반 학원에 다니는 것과 크게 다르지 않다. 하지만 최근에는 인터넷 강의 형식이 대부분이다. 우리 두 사람도 처음에는 교재와 세미나를 활용해 비즈니스의 기초를 다졌다. 거기서 얻은 정보와 지식을 바탕으로 비즈니스를 구상하고, 구축하고, 성공했다. 당시에는 내가 가르치는 자리에 설 줄은 상상도 못 했지만, 그때의 경험이 지금까지도 많은 도움이 된다.

학생과 강사 양쪽을 다 경험해보고 새삼 느낀 점이 있다. 그것은 교재나 아카데미는 지식을 습득하는 자리일 뿐 아니라 인간관계를 만드는 자리이기도 하다는 사실이다. 성공의 비결은 모르는 것을 부끄러워하지 않고 선생님에게 계속 질문하는 것이다. 그리고 지혜롭게 도움을 받는 것이다.

처음에는 누구나 초보다. 다른 사람의 도움을 최대한 받아야 한다.

혼자 힘으로 성공하려고 하지 마라.

도움을 받아야 할 때는 지혜롭게 받는 사람이 되어야 한다.

이것이 성공하는 사람들의 특징이다.

실제로 일정 수준까지는 이루었는데, 그 이상 나아가지 못하고 실패하는 사람은 예외 없이 '혼자서 어떻게든 해보려고 하는' 사람이다. 책임감이 강해서, 자존심이 세서, 혹은 자기 나름의 배려로 다른 사람에게 도와달라는 소리를 못 하고 넘어진 자리에서 멈춰버린다. 본인의 감성을 우선하는 사람도 실패하는 패턴이다. 배운 대로 실천하지 않고 자기만의 해석으로 제멋대로 방법을 바꿔버리기 때문이다.

그런데 한번 생각해보자. 올림픽에서 금메달을 딴 선수가 자기만의 방식으로 최고의 수준에 올랐을까? 분명 일류 코치의 조언에 따라 기초부터 착실히 배우고, 연습에 연습을 거듭하며, 자기보다 더 강한 동료와 합숙하고 경쟁하면서 실력을 끌어올렸을 것이다. 그것이 실력 향상의 지름길임을 모두가 알고 있기 때문이다.

비즈니스도 마찬가지다. 자신만의 독창적인 상품이나 서비스를 추구하고 싶은 마음은 충분히 이해한다. 하지만

한 분야에서 실력을 향상하고 성공하는 가장 빠른 방법은 그 분야에서 먼저 성공한 사람의 방식을 따라 하는 것이다.

이보다 더 빠른 성공의 지름길은 없다. 또한 다른 사람보다 한 발 앞서 리드하는 사람은 선생님에게 도움을 요청하는 지혜를 발휘한다. 선생님은 그 길의 대선배이자 일류 코치이기 때문에 풍부한 경험으로 정확하게 조언해줄 수 있다. 그다음은? 조언대로 실천하면 된다.

당신 주위에도 평소에 선생님이나 사장, 상사와 같은 윗사람에게 사랑받고, 지혜롭게 도움을 받는 사람이 있지 않은가? 언뜻 보기에는 불공평한 것처럼 보일 수도 있지만, 성장하고 성공하기 위해 아카데미에 다니고 있는 것이니 기회를 확실하게 살려보자. 부끄러워하지 말고, 허세 부리지 말고, 솔직하게 선생님에게 의지하는 것이다. 선생님에게 사랑받는 학생이 되어보자.

선생님도 한 명의 인간이다. 장래성이 보이는 학생에게 마음이 가고, 이것저것 더 가르쳐주고 싶은 생각이 드는 게 당연하다. 선생님과 신뢰관계를 형성하면 아카데미나 학습기간이 끝나도 어려울 때 힘을 보태주거나 새로운 정보와 소재를 알려주는 등 동종업계 선배로서 많은 도움을 준다. 이런 존재가 곁에 있으면 얼마나 마음 든든하겠는가.

　이런 모습이 염치없다고 생각하는 사람도 있을 것이다. 하지만 수강생인 당신이 성공한다면 그 결과는 선생님의 실적이 되고 아카데미 평판을 높이는 데도 도움이 된다. 그렇다, 윈윈win-win 관계가 되는데 거절할 이유가 없다.

　다시 한 번 강조하지만, 돈을 냈다고 가만히 앉아서 서비스를 기다리기만 하기엔 이 기회가 너무 아깝다. 실제로 우리도 세미나 쉬는 시간이나 회식자리 등에서 교재에는 없는 생생한 정보와 소재거리를 불쑥 이야기할 때가 있다. 그런 정보는 모두에게 공개되지 않은 만큼 가치가 크다. 이왕 참여했다면 그런 기회를 최대한 활용하자.

자존심을 버리는
자존심을 키우자

비즈니스를 할 때 '질문할 줄 아는 능력'은 중요한 자질이다. 일단 적절한 질문을 던지지 못한다는 것은 문제를 파악하지 못했다는 것이다. 사고와 행동의 양이 부족해서 나온 결과다. 질문을 어려워하는 이유는 다양하다.

① 전체상을 파악하지 못해서 어느 부분을 모르는지 모른다.
② 실천하지 않아서 구체적인 질문이 나오지 않는다.
③ 선생님이 바쁘실까 봐 물어보기가 어렵다.
④ 이런 질문을 해도 될지 부끄럽다.

①과 ②는 자신이 해야 할 일을 하지 않은 이유이니 논외이지만, ③과 ④도 불필요한 걱정이다. 비즈니스 아카데미나 교재에는 'Q&A 서비스'라는 부가서비스가 포함되어 있어 일반서적보다 가격이 비싼 것이다. 그러니 당당하게 서비스를 이용하자.

본인의 나이나 경력에 대한 자존심 때문에 질문을 어려워하는 사람도 있는데, 궁금한 점을 묻지 않는 자존심이란 대체 무엇일까? 선생님이나 주위 사람들이 자신을 어떻게 생각할지 신경 쓰인다면 쓸데없는 시간 낭비니 그런 생각은 바로 멈추자. 대신 어떻게 하면 비즈니스에서 성과를 낼 수 있을까에 초점을 맞춰야 한다.

다른 사람에게 물어서 해결될 일이라면 하루라도 빨리 물어보자.

인터넷 세계는 하루가 다르게 진화 속도가 빠른 만큼 새로운 툴tool과 인프라infrastructure가 속속 등장하고 있다. 우리는 인터넷 정보에 둔한 편이 아니지만, 그 모든 것에 정통할 수는 없다. 따라서 새로운 것을 도입할 때는 그 분야를 잘 아는 사람에게 물어봐야 한다. 상대가 경영자든 사원이든 거래처든 상관없다. 몰라서 어려움이 생길 때는 무엇이든 물어보고 알아내는 것이 중요하다.

비즈니스를 시작했다면 확실하게 결과를 내는 것이 '자존심'이다.

이를 위해서 할 수 있는 일은 무엇이든 해야 한다.

'미국의 철강왕'인 앤드류 카네기Andrew Carnegie는 원래 철강에 관한 지식은 전무한 비전문가였다고 한다. 대신 그는 전문지식이 필요하면 해당 분야의 전문가에게 질문할 수 있는 시스템을 만들어두었다. 그런 시스템 아래 오롯이 경영에 전념한 덕분에 그는 큰 성공을 거두었고 부를 축적할 수 있었다. e-비즈니스를 성공시켜 결과를 내고 싶다면 질문을 아끼지 말자. 그 분야 전문가의 지식을 마음껏 활용하자.

단, 질문할 때 신경 써야 할 점이 딱 하나 있다. 바로

스스로 충분히 조사하는 노력을 한 뒤에 질문해야 한다.

간혹 교재에 질문에 대한 답이 실려 있는 경우도 있다. 기본적인 사항이라면 대개 인터넷에서 검색해보면 찾을 수 있다. 예

컨대 'SEOSearch Engine Optimization'•라는 단어의 의미를 모른다면 구글이나 야후 검색창에 'SEO란?'이라고 입력하면, 기업 사이트부터 개인 블로그까지 다양한 정보가 검색된다. 검색된 정보를 한번 읽어보는 것만으로도 대략의 윤곽을 잡을 수 있다.

자기 나름대로 찾아보고 생각을 정리한 후, 그래도 모르는 부분이 생기면 질문하자. 그러면 선생님도 질문에 적절하게 대답할 수 있고, 가르친 보람을 느끼면서 당신에 대해 장래성이 보인다고 평가하게 된다.

친절하게 답해주고 싶은 마음이 드는 질문이 당신을 구원해줄 것이다.

• 검색 엔진 최적화, 검색 엔진에서 검색했을 때 상위에 나타나도록 관리하는 것을 말한다. ─옮긴이

질문을 할 때는 사전에 충분히 조사하자

잘못된 질문 방법

선생님에게 사랑받는 질문 방법

선생님에게 사랑받는 학생이 성장한다.

최고가
된다는 것

교재나 아카데미를 이용해 공부할 때는 최대한 적극적으로 참여하고, 동료들 사이에서도 눈에 띄는 존재가 되자. 이 또한 선생님에게 사랑받는 비결이다. 가능하다면 동료 수강생이나 교재 구매자 중에서 성과를 가장 많이 낼 수 있도록 노력하자.

최고가 된다는 것은 좋은 의미에서 무엇이든 괜찮다. 목표는 눈에 띄는 것! 따라서

양이나 질에서 앞서지 못하겠다면 속도에서 앞서는 것도 좋다.

머릿속은 보이지 않아도 행동은 눈에 보이기 때문에 수강생

이 아무리 많아도 그런 학생은 선생님에게 강렬한 인상을 남기게 된다. 그러면 무슨 일이 있을 때, 예를 들어 새로 개발한 노하우의 시장조사를 하기 위해 모니터 요원을 모집할 때 선생님은 당신에게 부탁할 가능성이 높아진다.

당신보다 능력이 뛰어나고 행동이 빠른 사람이 많다면 '속도'에서 승부를 보자. 늘 제일 먼저 손 들고 대답하는 것만으로도 효과가 있다. 아주 간단하다.

이외에도 만약 아카데미 선생님이 추천한 책이 있다면 그 자리에서 바로 구입하자. 스마트폰이나 노트북으로 주문한 뒤 선생님에게 책 구매 사실을 알리면 남다른 반응 속도에 눈도장을 찍을 것이다.

기민한 행동은 그만큼 좋은 인상을 남긴다.

반대로 행동이 굼뜨면 다른 사람들 사이에 묻혀버린다. 그렇게 되면 선생님과 관계 맺기가 어렵다. 결과를 내는 사람은 자신이 지금 그 자리에서 무엇을 할 수 있을지, 무엇을 하면 상대가 기뻐할지를 항상 고민한다. 아무것도 하지 않는다면 그 시점, 그 자리에 남겨질 뿐이다. 어디서든 최고가 되자!

자기중요감을 채워주면
내 편이 된다

혹시 이런 경험을 한 적 없는가? 자신이 한 일을 보고 상사와 동료가 감탄하고, 그 모습을 보고 기분이 좋아서 일할 맛 난다고 느낀 경험 말이다.

내(고지마)가 회사원이었을 때의 일이다. 그전까지는 회의에서 먼저 발언한 적이 거의 없었는데, 어느 날 용기를 내어 작은 판촉을 제안했다. 당시 읽고 있던 책에서 영감을 받아 살짝 응용한 것이었는데, 어떻게 그런 생각을 했냐며 상사가 놀라워했다. 그러더니 호기심과 감탄의 눈빛으로 나를 바라보았다. 솔직히 정말 짜릿한 순간이었다! 따지고 보면 아주 사소한 일이었는데, 그 작은 사건을 통해 나는 일에 대한 의욕이 갑자기 솟구쳤다.

평소에는 사실 꾸역꾸역 일했다. 그런데 접근 방식을 달리해 아이디어를 공유하기 시작했더니 회의 때마다 내 의견을 이야기할 시간이 주어졌다. 이후 중요한 판촉을 맡게 되면서 나는 점차 책임을 맡는 입장이 되었다. 이것은 고지마의 '자기중요감自己重要感'이 채워진 데 따른 변화다.

누구든 '인정받고 싶은' 욕구가 있다.
다른 사람의 인정을 받으면 내가 중요한 사람이 된 느낌이 들면서 기분이 좋아진다.

특히 윗사람에게 인정받으면 더 그렇다.

당신과 함께 일하는 사람도 마찬가지다. 예컨대 내부 관계자, 다시 말해 업체 사람들의 실력을 인정해주면 그들은 자신이 가진 능력의 최고치를 발휘해 작업해준다. 사이트 제작을 맡은 웹디자이너와 라이터, 촬영업자, 발송업자, ASP 담당자 등은 당신의 비즈니스를 지원하는 당신의 소중한 파트너다. 돈을 냈다고 거만한 태도로 대하는 것은 당치도 않은 일이다.

자신이 받기를 원하는 것을 상대에게도 해주자. 그러면 상대의 자기중요감이 충족되면서 발 벗고 나서서 당신의 일을 도와

줄 것이다. 항상 타인의 가치를 인정하고 존중하자. 상대가 선생님이든 거래처든 외주업자든 고객이든 마찬가지다.

누구에게나 차등 없이 대하는 태도가 당신의 신뢰와 평가로 이어진다.

물론 아부하라는 말이 아니다. 비즈니스를 하는 사람으로서 기본적인 예의를 지키고, 존중하는 마음을 담아 성실하게 행동하라는 것이다. 공손한 응대는 상대를 편안하게 만들고, 기분 좋게 일하고 싶은 마음이 들게 한다. 거기에서 신뢰관계가 형성되고, 결과물이 한층 탁월해져 성과가 좋아진다.

얼굴이 보이지 않기 때문에
메일에는 더욱더 감사와 존경을 담는다

만나면 다정한데 메일에서는 무뚝뚝한 사람이 있다. 평소에도 잘 아는 사람이라면 메일을 받고 다소 뜨악한 문구가 있어도 문제없이 지나가지만, 잘 모르는 사람이라면 한 발짝 뒤로 물러서게 된다.

당신 주변에도 그런 사람이 있지 않은가? 활자는 감정이 없어서 메일로 용건만 전달하면 아주 차가운 인상을 주기도 한다. 따라서 최대한 자신의 감정이 전해지도록 글을 써야 한다. e-비즈니스에서는 메일 사용 빈도가 높기 때문에 내용의 순서부터 사소한 표현까지 세심하게 신경 써야 한다.

바로 얼마 전의 일이다. 인재 채용 공고를 냈더니 유명 기업의 60대 임원분이 지원을 했다. 감사하고 황송한 일이었지만, 아쉽게도 우리가 원하는 인재와 달라 불합격 메시지를 보내게 되었다. 얼굴을 마주보고 이야기할 때도 그렇지만, 거절 의사부터 밝히는 것은 아무리 본론이라고는 해도 기분이 썩 좋지 않을 터. 하물며 딱딱한 글자만 전달되는 메일은 더 말할 것도 없이 쌀쌀맞은 인상을 준다. 그래서 고민 끝에 이렇게 메일을 보냈다.

'이번에 이렇게 초년생이 경영하는 기업에 지원해주셔서 감사합니다. 보통 ○○님과 같이 요직에 계신 분이 저희 같은 신생기업에 지원하는 일은 거의 없을 것입니다. 그 도전정신과 끝없는 열정에 감탄했습니다……'

감사와 경의를 먼저 표하고
상대의 자기중요감을 존중한 뒤에 용건을 꺼내는 것이다.

거절하는 내용임에는 변화가 없지만, 말하는 순서를 이렇게 잡으면 상대가 받는 인상은 완전히 달라진다. 이분은 우리의 메일을 받고 '같이 일하지는 못하지만 앞으로 여러 방면에서 협력 관계를 쌓아나가길 바란다'라며 정중하게 답장을 보내주셨고,

이후 업무와 기업을 소개 받는 관계가 되었다.

누차 강조하지만 e-비즈니스에서는 얼굴을 마주할 기회가 드물다. 말과 글이 우리를 표현하는 가장 큰 수단이다.

얼굴이 보이지 않기 때문에 말할 때는 더욱더 세심하게 주의를 기울이고 존경을 표하자.

상대에게 바라지 말고
스스로 최선을 다하라

비즈니스 활동은 연애와 비슷한 면이 있다. '풋사랑'은 상대에게 무언가를 바란다. 늘 상대에게 원하고 또 원하기에 자신이 원하는 것을 상대가 주지 않으면 마음이 멀어진다. 반면 '진정한 사랑'은 상대에게 아무것도 바라지 않을 뿐만 아니라 끊임없이 나눠준다. 상대에게 아낌없이 사랑을 주면서도 보답을 바라지 않는다. 그래서 진정한 사랑을 주고받는 두 사람은 영원히 행복하게 원만한 관계를 지속할 수 있다.

비즈니스에서 판매자와 구매자의 관계도 이와 다르지 않다. 물론 비즈니스는 돈을 받아야 상품·서비스를 제공하는 것이니 일방적으로 계속 주지는 않는다. 단, 고객 입장에서 예상보다 더 많은 것을 받았다고 느끼면 고객은 당신의 팬이 된다. 팬이 늘어나면 비즈니스는 선순환한다.

우리 두 사람이 조인트해서 사업을 시작했을 때 '분명 잘될 것'이라고 직감했다. 서로 경쟁하듯 주는 관계가 되었기 때문이다.

구체적으로 약속을 한 것도 아니었다. 하지만 처음부터 우리 두 사람은 무슨 일이든 '동등하게 하자'는 암묵적인 합의와 이해가 깔려 있었다.

실제로 우리는 서로에게 아무것도 바라지 않았다. 단지 이 사실을 즐기고, 최선을 다해 나눌 수 있는 것을 나누었다. 아카데미 교재를 기획하면서 세미나 동영상을 만들었을 때다. 10시간 정도면 끝날 줄 알았는데 막상 시작하니 처음 생각했던 예상시간을 훌쩍 넘겼다.

"사토 씨가 이렇게 많은 것을 풀어주시는데 저도 더 풀어보죠."

"고지마 씨가 이런 이야기까지 하시니 저는 더 깊은 얘기를 해볼까요?"

"고객은 이런 정보도 원하지 않을까요?"

이렇게 이야기를 나누다 보니 점점 길어져서 다 완성하고 보니 40시간에 달하는 엄청난 분량이었다. 고객이 깜짝 놀랄 만한 콘텐츠를 만들고 싶다는 생각으로 두 사람이 의기투합한 결과 아주 알찬 교재가 만들어졌다.

판매자가 이런 파장으로 일을 진행하면 판매 페이지와 프로모션을 통해 그 열기가 고객에게도 그대로 전해진다.

그러면 당연히 매출로도 직결된다. 동영상을 본 수강생들에게 우리의 뜨거운 열정이 전염되어 그들도 서서히 결과물을 만들어냈다.

사람들에게 당신이 '나눠주고 또 나눠주는 사람'이라는 인상이 새겨졌다면 완벽하다. 머지않아 반드시 주변에서 당신을 끌어올려 줄 것이다.

'바라지 말고 서로 나누자.'

왠지 종교적인 이야기 같지만, 이것은 비즈니스의 세계에서도 통하는 황금률이다. 알고 있으면 일과 연애와 가족관계가 모

철저하게 서로 주자

서로 철저하게 주는 관계가 되면 능력도 파워도 올라간다!

두 술술 풀리는 강력한 법칙이다.

<u>먼저 주는 사람은 그 몇 배 이상으로 돌려받는다!</u>

지금까지 우리의 경험을 통해 자신 있게 말할 수 있다.

초고속으로
성공하는
최강의
아날로그 마인드

e-비즈니스 성공의 필수 요소 '사람' 2

상품이 아니라
고객을 찾아라

2장에서는 e-비즈니스 초창기에 도움을 받는 내부 관계자들과의 관계에 관해 이야기했다. 3장에서는 드디어 '외부'에 있는 고객과의 관계에 대해 이야기해보려 한다.

우리는 "앞으로 어떤 비즈니스가 대박 날 것 같나요?", "어떤 분야가 성공할까요?" 같은 질문을 자주 받는다. 이런 질문에 대해서 우리는

'고객의 강렬한 욕구가 없는 시장에서는 비즈니스가 성립하지 않는다'라는 철칙을 벗어나지 않으면 괜찮다고 답한다.

성공하는 비즈니스는 구조가 아주 단순하다.

**'원하는 사람에게 원하는 것을 제공한다'는 대원칙만 수행하면
된다.**

반면 실패하는 사람은 비즈니스를 복잡하게 생각한다. 많은
이들이 생전 처음 보는 상품과 서비스를 제공해야 한다고 믿는
다. 분명히 말해두지만, e-비즈니스는 상품이 먼저가 아니다. 상
품을 다 만들고 나서 판매 방식을 고민하면 가시밭길 당첨이다.
제아무리 뛰어난 상품이라도 원하는 고객이 적으면 매출도 낮
다. 원하지도 않는 물건을 구매하는 고객은 없기 때문이다.

마케팅 용어 중에 '마켓 인Market In', '프로덕트 아웃Product
Out'이라는 개념이 있다. '프로덕트 아웃'은 기존 대기업의 방식
처럼 '제작자가 좋다고 생각하는 물건을 만들어 파는' 개념으
로, 대량생산·대량소비 시대의 방식이다. 반면 '마켓 인'은 니즈
needs를 우선해 고객의 시점에서 상품을 기획·개발해서 판매하
는 것이다.

돈을 제대로 벌어들여 초기에 비즈니스를 안착시키려면 반드
시 '고객이 원하는 것을 만들어 파는' 마켓 인 발상으로 진행해

야 한다. e-비즈니스는 다양해지는 고객의 니즈에 개인 맞춤별 대응이 가능하기 때문이다.

우리 두 사람도 고객이 원하는 것을 찾아 제작하고 판매하는 행위를 반복하고 있다. 지난해에는 '매칭 비즈니스 강좌'로 30일 프로모션에 30억 원 매출이라는 성과를 냈다. 니즈가 존재했기에 나온 결과다.

참고로 아카데미의 콘셉트는 매우 단순했다. 요즘은 월급이 모자라서, 가계에 보탬이 되고 싶어서, 용돈을 벌고 싶어서 등의 이유로 본업 외에 또 다른 일거리를 찾는 사람들이 많다. 그것도 꾸준한 니즈다. 하지만 본업이 있으니 판매할 상품을 처음부터 직접 만들어내기엔 시간이 부족하다. 그렇다고 상품이 필요 없는 어필리에이트 비즈니스를 하자니 그쪽도 경쟁이 치열한 상황이다.

소자본으로 창업할 수 있으면서 자신의 상품이 필요 없고, 판매자와 구매자 사이에서 중개만 하는 매칭 비즈니스의 콘셉트는 이러한 니즈에 꼭 맞는 것이었다. 시장 진입자가 적다는 점에서 e-비즈니스 경험자뿐 아니라 아직 경험하지 못한 사람의 마음까지 사로잡아 e-비즈니스 분야에서도 기록적인 매출을 기두었다.

고객의 고민, 불만, 불안을 해소하거나 욕구를 만족시킬 수 있는 것이라면 무엇이든 비즈니스가 된다.

무수한 고민에 더 가까이 다가가는 것이 e-비즈니스에서 성공하는 비결이다. 비즈니스를 시작했지만 '잘 팔리지 않는다'고 말하는 사람들을 보면 자신의 취급 상품에 푹 빠져서 고객을 억지로 끌어당기려는 모습을 보이는 경우가 종종 있다. 홈페이지와 상품 카피에 독선적이고 막무가내인 모습이 묻어나다 보니 아무리 추가 혜택을 주고 할인 이벤트를 펼쳐도 팔리지 않는 것이다.

사람들은 어떤 경우에 돈을 주고 물건을 살까? 가장 가까운 예는 '자기 자신'이다. 예전에 상품 판매 사이트를 제작 중이라는 사람과 이야기를 나눈 적이 있었다. 그런데 어찌된 영문인지 그는 한 번도 인터넷으로 물건을 사본 적이 없다는 것 아닌가! "그럼 고객의 심리를 알 수 없지 않을까요?"라고 말하며 당장에 여러 사이트에서 쇼핑해보기를 권했다.

내가 체험해보지 않은 것을 고객에게 권하기는 어렵기 때문이다.

마치 차를 소유하고 있지 않고 좋아하지도 않는데 자동차 판매 영업을 하는 격이다.

비즈니스의 성공은 고객이 어떻게 받아들이느냐에 달려 있다. 인터넷으로 상품을 구입하는 것이 어떤 것인지, 그 과정에서 고객은 어떤 느낌이 드는지 등 직접 경험해보지 않으면 알 수 없다. 직접 해보지 않으면 사용자의 눈높이에 맞는 사이트를 만들 수도 없다. 경험이야말로 최고의 지식이자 재산이다. 따라서 비즈니스에서 성공하고 싶다면 고객의 입장에서 생각하는 것이 무엇보다 중요하다.

당신은
누구에게 팔고 싶은가

고객과 관계를 맺을 때 또 하나 중요한 것이 있다.

어떤 고객에게 상품을 팔고 싶은지 명확하게 해두는 것이다.

홈페이지와 메일매거진 등에 쓸 문구를 고민할 때는 반드시
'이 상품은 누구에게 팔 것인가'를 먼저 정해두어야 한다. 타깃
을 정하는 것이다. 확실한 타깃이 있는지 여부가 당신의 비즈니
스 향방을 결정한다고 해도 과언이 아니다.

비즈니스를 하다 보면 '혼자서도 많은 사람에게 팔아야지'라
는 덫에 빠지기 쉽다. 순간 이 생각에서 어디가 잘못됐는지 의아

할 수 있다. '많은 사람에게', 즉 타깃이 광범위할수록 상품 콘셉트가 모호해진다는 것을 기억해야 한다.

길 한복판에서 "이봐요. 거기 남자 분!" 하고 부르면 아무도 돌아보지 않을 것이다. 누구를 가리키는지 알 수 없기 때문이다. 이것이 모호한 타기팅targeting이다. "거기 35세 남자 분! 검정 테 안경에 턱수염 기르신 분이요!" 하고 구체적으로 부르면 그제야 '날 부르나?' 하고 누군가는 의식할 것이다.

다양한 니즈에 상품이 팔리지 않는 요즘이다. 이런 때일수록 고객층을 좁히고 명확한 욕구를 가진 사람에게 집중해 접근하고 전개해야 비즈니스의 가능성이 확장된다. 내가 무엇을 갖고 싶어 하는지, 무엇을 고민하고 있는지 확실히 알고 있는 사람을 대상으로 비즈니스를 하자.

타깃은 최대한 좁히자

고객층을 명확하고 구체적인 이미지로 그려보자.

조사에
에너지를 쏟아붓자

타깃을 좁히기 위해서든 판매 전략을 짜기 위해서든 고객의 욕구와 고민을 정확히 파악하는 과정은 반드시 필요하다. 그래서

<u>조사하는 시간을 아까워하면 안 된다.</u>

나(사토)는 비즈니스·창업 상품을 판매하기 위해 광고 문구를 쓰면 항상 높은 성과를 냈다. 앞에서 이야기한 매칭 비즈니스 아카데미의 매출은 e-비즈니스 업계의 기록을 경신했고, 타사 아카데미와 함께 교재를 홍보했을 때도 계약 성사율이 높았다. 광고 문구를 쓸 당시 나는 창업하고 싶은 사람, 돈 벌고 싶어 하는

사람의 심리를 속속들이 알고 있었기 때문이다.

나 또한 빚을 갚기 위해 필사적으로 돈을 벌던 때가 있었기에 광고 문구를 쓸 때는 예전의 나를 타깃으로 작성한다. 마음을 읽고 있는 고객층이라 따로 리서치를 하지 않아도 내 안에 재료가 쌓여 있다. 이처럼 e-비즈니스를 시작할 때는

내가 가장 잘하고 잘 아는 분야에 뛰어들어야 한다.

고객의 마음을 어느 정도 헤아리고 있다면 조사 시간이 단축되기 때문이다.

누구나 시장에 따라 고객층을 잘 알고 있는 분야와 그렇지 않은 분야가 있다. 나는 남성이기 때문에 아무래도 여성의 욕구나 고민에 대해서는 깊이 이해하지 못한다. 수년 전에 잘 팔릴 것이라는 막연한 기대 하나로 여성용 다이어트 교재를 기획하고 판매했다가 처절하게 실패를 맛본 적이 있다. 꼼꼼한 시장조사와 타기팅 없이 뜬구름 잡는 캐치프레이즈로 판매 사이트를 만들었는데, 고객 반응이 참담했다. 판매 대상인 여성의 고민을 제대로 이해하지 않은 채 광고 문구를 썼던 탓이다.

그 후 주변 여성들의 의견을 수렴하고, 그들의 고민을 꼼꼼

히 조사하고 검증을 거듭하면서 개선한 결과, 몇 개월 만에 월 6,000만 원까지 매출을 올릴 수 있었다. 지금은 그 당시 여성의 미용에 관한 심리를 세심하게 연구한 경험을 바탕으로 상품을 개발해 최근 인기인 가슴관리법 DVD로 월 1억 원가량의 매출을 올리고 있다.

상품 구매자를 얼마나 이해하고 있느냐에 따라 매출이 결정된다.

만약 당신이 잘 모르는 분야에서 비즈니스를 시작하게 되었다고 하더라도 충분히 시간을 들여 조사하면 성과를 낼 수 있다. 성공한 비즈니스는 모두 탄탄한 조사가 뒷받침되어 있다. 관련 서적과 잡지를 조사하는 것은 기본이고, 포털사이트의 Q&A 게시판을 활용하는 것도 추천한다. 고민이나 문제가 있는 사람이 질문을 올리면 제3자가 선의로 댓글로 답을 해주는 무료 게시판으로, 모든 분야의 고민과 니즈를 파악하는 데 도움이 되므로 꼭 활용해보기 바란다.

그런데 책이나 인터넷에서 지식과 정보를 찾는 것보다 더 유용한 방법은 따로 있다.

고객을 실제로 만나는 것이다.

반복해서 이야기하지만, 고객이든 관계자든 직접 만나는 게 최선이다. 책이나 인터넷도 마찬가지지만, 문자나 문장에서 얻을 수 있는 정보는 사람의 입에서 직접 나오는 말과 달라서 반드시 어느 정도의 편견이 들어간다.

블로그나 SNS 등에 글을 올릴 때를 떠올려보자. '어떻게 해야 글이 깔끔하게 정리될까?' 혹은 '어떻게 하면 사람들의 눈길을 끌까?'와 같은 고민을 하지 않는가? 대부분 전달하고 싶은 내용을 글로 옮기는 사이에 글쓴이의 상황과 구매를 유도하려는 의도 등 다양한 요인이 들어가 사실 자체에서 변형되기 마련이다. 그런데 직접 만나면 이런 각색이 들어가지 않은 생생한 정보를 얻을 수 있다.

물론 글로 된 정보가 전혀 쓸모없다는 뜻은 아니다. 그렇지만 대화 중간중간에 튀어나오는 말과 표정으로 유추할 수 있는 추가 정보는 글에서는 얻기 힘들다. 포장되지 않은 정보가 가장 신선하고 사실에 가깝다는 것을 기억하자.

고객이
상품을 간절히 갖고 싶게 만드는 방법

인터넷에서 상품을 판매할 때 고객에게 꼭 전달해야 할 내용은 무엇일까?

그것은 상품이 아니라 베네피트(benefit, 편익)이다.

실제로 고객이 구매를 결심하는 요인은 상품이 아니다. 상품에 대해 구구절절 설명한다고 고객의 마음이 움직이는 것은 아니란 뜻이다. 도리어 상품 자체가 고객에게 '벽(귀찮은 작업)'이 되는 때도 적지 않다(128쪽 참조). 이를테면 대형TV를 사고 싶은 사람은 웬만해서는 상품 자체에서 매력을 느끼지 않는다. 스포츠

경기의 생동감이나 현장감을 집에서 느끼고, 가족이 다 같이 모여 영화를 감상한다는 평온하고 화목한 시간을 원한다. 대형TV를 구매한다는 것은 말하자면 '행복'을 추구하는 행위인 셈이다.

가전 매장에서는 "도대체 뭐가 좋은지 모르겠다"라는 말을 자주 듣는다. 이 말은 '도대체 어떤 제품의 품질(스펙)이 가장 좋은지 모르겠다'라는 뜻이 아니라 '도대체 어떤 제품을 써야 내가 원하는 것을 얻을 수 있는지 모르겠다'라는 뜻이다.

자칫 이 부분을 잘못 파악하면 고객의 마음을 사로잡을 수 없다. 그래서 점원은 "어떤 식으로 사용할 예정이신가요?", "가족은 몇 명이세요?" 등 고객에게 이것저것 물어본 후 고객의 라이프 스타일을 알아내어 적절한 상품을 추천해준다. 그리고 "이 냉장고는 이러이러한 기술을 이용해서 다른 냉장고보다 습도가 높습니다"와 같이 기능을 상세히 설명하지 않는다. 오히려 "채소를 냉장고에 보관하는 경우가 많으시면 습도를 높게 설정하는 기능이 있어 오래 보관할 수 있는 이 냉장고가 좋습니다. 만약 채소나 고기를 대량으로 구매하는 편이라면 이쪽 냉장고가 저온실을 분리 사용할 수 있어서 추천합니다"와 같이 고객의 일상에 더 가까이 다가가 냉장고를 사용하면서 행복하게 생활하는 모습을 상상하게 만들어준다.

상품을 구매하는 데 필요한 것은 벽에 대한 설명이 아니다. 거치적거리는 벽을 스트레스 없이 제거해주는 것이다.

편익이 고객의 머릿속에 선명하게 떠오르게 해야 한다.

일단 머릿속에 그림이 그려지면 고객의 마음은 갖고 싶은 욕구로 가득 차게 된다. '벽'의 존재가 사라지면서 솔직해지기 때문이다.

여기까지 오면 다음은 결단을 위한 조건만 맞춰주면 된다. '지금 사면 이득'이라는 기간한정 특가나 혜택 제공, 수상 내역과 같은 권위 부여, 다른 고객의 추천 의견 등을 들려줌으로써 '꼭 사야겠다'라는 결심이 서는 단계까지 이끌고 간다. 이처럼 인간은 '감정'에 호소하고 '이론'으로 설득했을 때 상품을 구매한다.

홈쇼핑으로 유명한 자파넷 다카타Japanet TAKATA의 다카타 아키라高田明 사장은 구매심리를 정확하게 꿰뚫어 보는 사람이다. 그래서 그는 가전제품을 팔 때 세세한 스펙 따위는 크게 거론하지 않는다. 예를 들어 디지털카메라의 경우 저장용량이 몇 기가인지는 언급하지 않는다.

고객이 정말 갖고 싶은 것은 무엇일까?

고객이 벽을 넘게 해주는 것이 판매자의 일이다.

숫자가 아니라 상품을 구매하면 얻을 수 있는 편익(행복)만 이야기한다.

이 카메라를 사용하면 할머니도 운동회에서 손주 사진을 예쁘게 찍을 수 있다든지, 휴대폰으로도 쉽게 사진을 메일로 전송할 수 있다든지 하면서 말이다. 고령자라는 타깃에 정확하게 맞춰 소개하다 보니 할머니들의 눈높이에서는 그 상품에 대한 매력적인 정보가 넘쳐난다. 영상을 보면 사고 싶은 마음이 굴뚝 같아진다. 상품 콘셉트를 잡는 시점부터 고령자의 디지털카메라에 대한 환상과 조작에 대한 불안함을 철저히 조사하고 개발했기 때문에 성과가 날 수밖에 없다.

참고로 다카타 아키라의 영업 방식을 글로 한번 써보면 많은 도움이 된다. 영업 화술의 흐름에 몇 가지 정해진 패턴이 있어서 어떤 시나리오로 고객이 사고 싶게 만드는지 감을 잡을 수 있다. 영업 화술뿐 아니라 e-비즈니스에서 쇼핑몰에 사용할 수 있는 카피라이팅에도 많은 도움이 된다.

고객은
'기대 이상'일 때 만족한다

비즈니스는 결국 고객의 발길이 끊이지 않으면 성공한다. 사람이 어떤 경우에 상품을 구매하는지를 파악하면 비즈니스의 방향성이 보인다. 일단 앞에서 이야기한 것처럼 '상품을 구매하면 행복, 즉 편익을 얻을 수 있다고 느낄 때' 지갑이 열린다. 또 하나지갑이 쉽게 열리는 때가 있다.

'자기중요감을 채워준다고 느낄 때'다.

소비자는 상품을 비교하다가 혜택에 큰 차이가 없다고 느끼거나 상품이 비슷비슷해서 고민될 때는 자신을 가장 소중히 여겨줄 것 같은 상품·서비스를 선택한다. 예컨대 청소기가 고장 나서 가전매장을 찾았다고 하자. 이때 무심하게 인기상품을 소개하는 직원과 나의 라이프스타일을 헤아려 용도에 딱 맞는 청소기를 추천해주는 직원이 있다면 누구에게 사고 싶은 마음이 들까? 당연히 후자 아닐까?

사람에게는 '내가 가치 있는 존재'라고 믿고 싶은 마음, 즉 자기 중요감에 대한 욕구가 있다.

그래서 자기중요감을 충족시켜 주는 판매자(사람)가 있으면 그 사람을 기분 좋게 따라간다는 것이 비즈니스 세계의 또 다른 원칙이다.

'고객 만족'이라는 단어를 들어보았을 것이다. '고객 만족'이 최고조에 달하는 것은 바로 '기대 이상'의 서비스를 받았을 때다. 예상치 못한 것을 받은 고객은 흡족해하며 판매자를 믿고 따르게 된다. 이는 실제 비즈니스든 e-비즈니스든 마찬가지다.

기대 이상의 서비스를 제공하라고 하면 어렵게 느껴질 수도 있지만, 기본은 고객의 요구를 한발 앞서 헤아리고 원하는 것을 제공하는 것이다. 그것이 바로 최고의 서비스다. 여기서 더 나아

자기중요감을 채워준 서비스

고객을 위한 서비스가 감동과 돈을 불러온다.

가 평소에 고객이 '이런 게 있으면 좋을 텐데'라고 생각한, 아직 시장에 존재하지 않는 것을 당신이 발 빠르게 제공할 수 있다면 대박은 따 놓은 당상이다. 휴대 가능한 전동칫솔, 바나나 한 개를 넣어 다닐 수 있는 케이스 등이 새로운 시장을 창출한 사실을 모두 기억할 것이다.

e-비즈니스 업계에서도 매일 히트 상품이 탄생한다. 정보교재를 예로 들면, 예전에는 'e-비즈니스로 돈 벌기', 체형과 패션 등을 알려주는 '콤플렉스 극복하기', 여성을 사로잡는 기술을 가르쳐주는 '연애 고수 되기' 등을 3대 분야로 꼽았다. 그런데 최근에는 반려동물, 식이요법, 운동, 네일아트 등 폭넓은 분야의 교재들이 등장하고 잘 팔리고 있다. 여기서 한층 더 기대 이상의 것을 제공하고 싶다면,

경쟁자와 아주 약간의 차별성을 두어 고객의 가려운 곳을 긁어 줄 만한 혜택을 추가하는 것이다.

그것만으로 고객의 자기중요감이 높아지고, 고객을 불러 모을 수 있다. 어필리에이트 관련해 교재를 판매하기나 아카데미를 운영한다면 합숙 형식으로 아주 친절하게 가르친다든지, 사

이트 제작 툴을 혜택으로 제공하는 등 비슷한 서비스에서 약간의 차별화를 꾀하는 방법이 있다. 혹은 앞으로 인기가 있을 만한 자격증이나 기술 습득 매뉴얼을 기획·제작하는 등 아이디어에 따라서는 오리지널 상품을 창출할 수도 있다.

이미 존재하는 상품이나 서비스라고 해도 '이런 걸 원했어!'라는 생각이 들 만한 서비스를 제공하자. 아주 작은 수고가 비즈니스에 날개를 달아주기도 한다. '기대 이상'이라는 말을 항상 의식하고 비즈니스를 하자.

작정하고
퍼주어라

계속 함께하면서 좋은 관계를 유지하고 싶은 사람을 만났다면, 일단 당신이 먼저 그 사람에게 주는 것이 철칙이다. e-비즈니스에서 고객과 관계를 구축할 때도 마찬가지다. 고객을 모으기 위해서는 초반에 판매자가 가지고 있는 가치 있는 정보, 툴, 노하우 등을 아낌없이 나눠주어야 한다. '이렇게 받아도 되나?' 싶을 정도로 작정하고 퍼주어야 한다. 당신이 고객으로 모시고 싶은 대상이 원할 만한 것을 한가득 제공하자. 물론 무료로!

사람의 심리에는 '상호성의 법칙'이 작용한다. 상대에게 좋은 것을 받고 나면 보답해야 마음이 편해지는 습성이다. 당신이 많이 나눠주면 상대는 당신에게 호감을 느끼고 팬이 되는 동시에

'상호성의 법칙'이 발현된다. 이를 '공짜 마케팅'이라고 한다. 예전에도 활용되었지만 최근 들어 점점 더 유행하고 있는 전략이다. 실생활에서도 흔히 접할 수 있는데, 1년 전까지는 유료였던 정보교재를 공짜로 제공한다든지, 유료라고 해도 구매할 정도의 동영상 세미나를 공짜로 볼 수 있게 한다든지, 아주 유용한 툴을 선물하는 식이다.

'메일매거진을 구독하면 공짜로 받을 수 있다'는 광고를 통해 메일 주소를 입력하게 할 수 있다. 메일 주소로 선물을 받을 수 있는 다운로드 URL을 보내면 모두 등록한다. 이는 당신의 비즈니스에 관심 있는 잠재고객의 메일 주소를 확보하는 것이다. 판매자는 고객 후보에게 메일로 접근할 수 있으니 매우 가치 있는 정보인 셈이다.

수집한 메일 주소는 말하자면 당신의 고객 명부다.

단 '공짜 마케팅'이라고 해서 아무거나 제공해서는 안 된다. 고객이 진짜로 원하는 것, 진짜 기뻐할 만한 것을 주지 않으면 귀찮게 밀어붙이는 꼴이 된다. 고객이 '이렇게 좋은 것을 공짜로 준다고?' 하면서 놀랄 만한 것을 아낌없이 주자.

'이렇게 가치 있는 것을? 왜 이렇게까지 주는 거지?' 하고 고객이 이상하게 느낄 만큼 주고 또 주어라.

왜 이렇게까지 해야 하는 것일까? '상호성의 법칙'을 배가시키는 데는 놀라움과 감동이 크면 클수록 좋기 때문이다.

이렇게 퍼주면 판매자와 고객 사이에 마음의 균형이 깨진다. 고객은 괜찮은 물건을 받을수록 자꾸 신경이 쓰인다. 받기만 하면 마음이 불편하니까 빚을 갚아 마음의 균형을 되찾고 싶은 마음이 커진다. 그런 마음이 들었을 때 또 다른 매력적인 상품을 소개하면, 고객이 상품을 구매할 확률은 높아진다. 2장에서 상대에게 철저히 주는 것의 중요성을 이야기했는데, 본질은 완전히 똑같다(105쪽).

무료로 나눠줄 때는 한 가지 주의할 점이 있다. 요즘은 e-비즈니스에서 공짜 마케팅 전략을 쓰는 사람이 많기 때문에 임팩트가 줄어들고 있다. 고객의 기대치를 넘어설 수 없다면 무료 제공도 효과가 없다. 따라서 안이한 공짜 마케팅이라면 안 하는 편이 낫다.

중요한 것은 '이 사람(판매자)이 먼저 나에게 이만큼 줬더니 나는 이런 이익이 있었다. 그러니까 다음에는 이 사람에게서 사자'

라는 마음이 들게 하는 것이다. 확실하게 이익이 되는 선물을 고

객에게 주자.

히트 상품을
탄생시키는 비결

장사의 원점은 힘든 사람의 고민과 욕구를 해결해주는 것이다. 그래서 이런 문제를 해결해주는 것이라면 무엇이든 비즈니스가 된다고 줄곧 이야기했다.

나(고지마)는 예전에 아토피성 피부염을 개선하는 식사요법 매뉴얼을 판매한 적이 있다. 아토피 아이를 둔 어머니의 고민은 말로 표현하기 힘들 정도로 깊다. 매일 가렵다고 우는 아이를 도와줄 수 없는 괴로움, 자다가 긁어서 생긴 상처에서 나온 고름과 피가 묻은 시트를 볼 때마다 느끼는 안타까움과 미안함, 협조할 생각이 없는 남편에 대한 분노, 피부과에 데려가도 해결되지 않는 절망의 나날 등으로 막다른 골목에 선 심정으로 자책하기도 한다. 그런 어머니에게 한 달 동안 매일 실천하면 아토피가 개선되는 식사요법 교재를 알려주었더니 여기저기서 요청이 들어와 한 달 만에 교재가 700권이나 팔렸다.

사람은 자신이 짊어지고 있는 문제, 즉 불안과 고민이 깊을수록 해결만 할 수 있다면 얼마든지 돈을 낼 용의가 있다. 따라서 문제를 해결할 수 있는 상품이 있는데 효과까지 크다면 매출은 당연히 올라간다. 특히 해결하는 데 걸리는 시간이 짧으면 짧을수록 고객 입장에서는 만족도가 더 커진다. 즉 이렇게 정리할 수 있다.

'고민의 깊이 × 해결 속도'가 크면 클수록 매출액(수익) 및 비즈니스 규모가 커진다.'

세상에 수없이 많이 출시되어 있는 다이어트 상품을 생각해보자. 당신은 명절 연휴 동안 한없이 불어난 살을 빼야겠다고 결심했다. 그런 당신의 눈앞에 '6개월이면 살을 뺄 수 있는' 상품과 '하루 만에 빠르게 살을 빼는' 상품이 있다면 어느 쪽을 고르겠는가? 당연히 하루 만에 날씬해지는 쪽에 끌릴 것이다. 대부분이 그렇다.

만약 내가 '하루 만에 날씬해지는' 상품을 발견했다면 큰 매출을 올리고 비즈니스 규모도 확대했을 것이다. 시장에 '이 상품으로 내 고민이 해결될 것 같다. 혜택을 얻을 수 있겠다'라고 생각하는 고객이 많으면 많을수록 큰돈을 버는 비즈니스가 될 것이다. 조금 전 이야기한 '고민의 깊이 × 해결 속도'의 공식에 '고객의 수'를 곱하면 비즈니스의 전체 규모를 짐작할 수 있다.

고민의 깊이 × 해결 속도 × 고객 수 = 비즈니스의 전체 규모

히트 상품을 탄생시키는 비결은 이 공식의 3가지 요소를 각각 최대로 키우는 것이다.

1_ 고민의 깊이

돈과 관련된 고민, 연애를 비롯한 대인관계에 대한 고민, 체형 등 콤플렉스에 관한 고민, 병이나 증상과 관련된 고민은 역시 심각한 법이다.

2_ 해결 속도

효과를 제대로 검증하고 증명해야 한다. 단, 신체 고민에 대한 서비스를 제공할 때는 약사법이나 광고 규제 등의 문제가 있으므로 상품화, 홍보 문구 등에 각별히 주의해야 한다.

3_ 고객 수(시장 규모)

취급할 상품의 시장 규모를 알고 싶다면 인터넷에서 검색 건수를 조사해보면 된다. 이는 e-비즈니스에서 필수적인 작업이다.

우선 구글의 '키워드 플래너Keyword Planner'•를 이용해 '월평균 검색량'을 알아본다. 구글의 키워드 플래너로 검색하면 사이트가 표시된다. 누구나 무료로 사용할 수 있는 서비스이므로 적극적으로 활용하자.

'월평균 검색량'이란 구글 검색 엔진 내에 어떤 달에 해당 키워드가 몇 번 검색되었는지를 알려주는 수치다. 당신의 비즈니스에 관한 키워드를 플래너의 키워드 입력란에 넣으면 얼마나 많은 사람이 그 주제에 관심이 있는지 짐작해볼 수 있다.

아토피 관련 상품을 생각하고 있다면 '아토피 고민', '아토피 개선' 등을, 다이어트 관련 상품을 고민 중이라면 '복부 다이어트', '다리 다이어트' 등의 키워드를 입력한다. 그러면 '검색 결과

• 구글에서 광고주들을 위해 제공하는 키워드를 찾는 툴. ―옮긴이

약 3만 건' 등의 데이터를 볼 수 있다. 전국 인터넷상에서 그 키워드에 관심을 가지고 있는 사람 수의 지표가 된다.

검색량이 많은 키워드일수록 세상의 관심, 흥미, 문제, 욕구가 많아 비즈니스로 연결되기 쉬운 분야라고 할 수 있다.

예를 들어 지금 이 원고를 쓰고 있는 시점에서 '아토피'라는 단일 키워드 검색량은 약 30만 건, '아토피 치료'라는 복합 키워드는 1만 5,000건 정도다. '다이어트'만 입력했을 때는 224만 건, '다이어트 운동', '다이어트 레시피'도 4만 건 넘게 검색량이 나온다. 당연히 이런 키워드는 경쟁도 치열하고, 대기업에서도 무더기로 진입해 있다. 그렇지만 e-비즈니스에 진입할 수 있는 틈새시장과 키워드는 여전히 많이 있다.

우리의 감각으로는 월간 검색량이 5,000건 정도라도 1인 비즈니스라면 어느 정도 수익을 창출할 수 있다.

진입할 시장을 선택하는 것은 지금까지 당신이 해왔던 일이나 취미, 고민 등 이미 잘 알고 있는 분야가 적절하다. 대박을 노린다면 '마켓 인' 발상으로 비즈니스 기회가 많은 시장을 노려보는 것도 좋다.

고민과 욕구 수준이 높고, 검색량이 많은 키워드 분야이면서, 경쟁자가 적은 시장이 최고다.

그래서 처음에는 경쟁자가 없는 블루오션을 찾는 것이다. 만약 아직 손이 닿지 않은 시장을 발견했다면 당신이 선점자로서 이익을 독점할 수 있을 것이다. 이런 조사 시간은 오래 걸린다고 해도 손해 보지 않는다.

비즈니스를 시작하기 전 사전 조사

- 비즈니스로 발전시키기 쉬운 분야인가?

- 사람들의 고민이 깊고 욕구가 강한 분야인가?

- 인터넷에서 월간 검색량이 많은 키워드인가? (최소 5,000건 이상)

- 새로 등장한 분야인가? (스마트폰 시장, SNS, 매칭 등)

- 동종업계 라이벌은 얼마나 있는가?

- 나의 경험을 살릴 수 있는 분야인가?

- 이미 팔리고 있는 상품과 어떻게 차별화할 것인가?

체크해야 할 게 많네?

진입 시장을 결정하기 위해 조사 시간을 충분히 갖자.

계속 성공하는
사람만 아는
e-비즈니스 기술

e-비즈니스 성공의 필수 요소 '정보'와 '기술'

비즈니스는 성과가 전부다.
결과를 내는 실력을 키우자!

비즈니스에서 결과를 내는 사람 중에는 평소에도 열심히 공부하는 사람이 많다. '많다'라고 말하는 이유는 아주 드물지만 공부하지 않고도 성공하는 사례가 있기 때문이다. 경쟁자가 없는 블루오션 시장을 우연히 발견했다거나 e-비즈니스 도입 초기처럼 어떤 분야에 일찌감치 진입해 큰 기술이 없는데도 쉽게 돈을 번사례도 있다(노력 여부와 상관없이 돈을 벌면 인정해주는 것이 비즈니스의 세계다). 다만 앞에서도 이야기했듯이 그런 사례는 드물다.

순전히 운으로 돈을 많이 벌었다 해도 오래갈 수 없다.

진정한 의미에서 e-비즈니스에서 성공한 사람, 즉 어떤 국면에서든 꾸준히 돈을 버는 사람은 평소에 비즈니스 기술을 갈고 닦는 노력을 기울인다.

비즈니스는 '나'라는 인적자원과 시간을 일정 기간 투입해야 성립된다. 부업으로 e-비즈니스를 시작한다면 작업하고 공부할 시간을 적극적으로 확보해두어야 한다. 일단 3개월 동안 뺄 수 있는 시간은 모두 e-비즈니스에 할애하자.

지금 당장 책을 덮고 당신이 e-비즈니스에 사용할 수 있는 시간을 계산해보라. 그리고 오른쪽 표에 적어보자. 그다음 e-비즈니스의 성공을 위해 어떤 시간을 희생할지 고민하자. 손에 이것저것 다 쥐고 있으면 정말 원하는 것을 얻을 수 없다. 꿈을 이루려면 버리는 것도 필요하다. 이것도 오른쪽 표에 적어보자.

이렇게 줄여나가는 이유는 성과를 내기 위해서라는 사실을 유념해야 한다.

비즈니스는 성과가 없으면 아무 쓸모가 없다.

당신이 아무리 기를 쓰고 일해도 성과(매출)가 나오지 않으면 비즈니스라고 할 수 없다. 밤새도록 일해도 자랑거리가 되지 않

e-비즈니스 시간표

비즈니스에 집중할 시간을 정하고 시간표에 기입한다.
그 시간은 무슨 일이 있어도 작업을 한다.

평일(월~금)				토 · 일			
5시		15시		5시		15시	
6시		16시		6시		16시	
7시		17시		7시		17시	
8시		18시		8시		18시	
9시		19시		9시		19시	
10시		20시		10시		20시	
11시		21시		11시		21시	
12시		22시		12시		22시	
13시		23시		13시		23시	
14시		24시		14시		24시	

성공하기까지 당신이 희생할 것을 정해서 기입한다.
예) 취미, 가족 · 연인과의 커뮤니케이션, 술자리 등

1.

2.

3.

는다. 자랑은커녕 밤새도록 일하다 효율이 떨어지면 허사다. 회사원이라면 상사가 과정이라도 인정해주겠지만, e-비즈니스는 매출이 오르지 않으면 그 길로 폐업이다. 가혹하다고 생각할지 모르겠지만, 고객의 지지만큼 매출이 오르는 아주 공평하고 공정한 세계다.

매출, 수주 건수, 매출총이익이 명확한 지표가 되어 당신의 보수에 직결된다.

숫자가 전부인 만큼 정밀도가 높은 업무를 선별해 성과 확률을 높이자. 이를 위해서는 매일 자기계발을 통해 실력을 키워야 한다.

비즈니스에 필요한 정보는
어디에서 얻을까

e-비즈니스를 한다면 정보에 밝아야 한다. 물론 아무 정보나 있으면 된다는 말은 아니다. 컴퓨터 용어 중에 '가비지 인, 가비지 아웃Garbage In, Garbage Out'이라는 말이 있다. 아무리 프로그램을 잘 만들어두어도 '쓰레기 같은 데이터를 넣으면 쓰레기 같은 결과가 나온다'라는 뜻이다. 반대로 유익한 정보를 넣으면 유익한 아웃풋이 나온다. 그만큼 정보원의 질이 중요하다는 것이다.

정보가 범람하는 인터넷상에서 비즈니스를 하려면 정보를 잘 다룰 줄 알아야 휘둘리지 않는다. 정보 수집에 열중하다가 정작 비즈니스에는 진전이 없는 '정보 수집가' 상태에 빠져버리는 사람을 자주 본다.

중요한 것은 당신에게 필요한 정보를 제대로 된 정보원에게서 얻는 것이다.

교재와 비즈니스 아카데미 선생님은 추천할 만한 정보원이다. 이미 이용한 적 있는 사람은 알겠지만, 교재나 비즈니스 아카데미 등의 유료 서비스에는 대부분 메일이나 스카이프 지원이 포함되어 있다.

교재를 구매하거나 아카데미에 참여하면 e-비즈니스에서 성공한 사람과 직접 접촉할 권리를 얻는 것이다.

참여하는 기간 동안에는 모르는 내용을 물어보며 비즈니스를 실행할 수 있다. 이론과 실천은 별개이다 보니 처음 경험하는 일들도 생길 수 있는데, 그때도 선생님의 힘을 빌릴 수 있다. 몹시 든든한 환경이다. 만약 당신이 아직 아카데미에 등록하지 않았거나 교재를 구매하지 않았다면, 우량 정보에 대한 판단 기준이 서기 전까지는 흥미로운 메일매거진이나 블로그 등 다양한 정보를 읽어보기를 추천한다.

주변에 e-비즈니스를 하는 선배가 있다면 어떤 정보원을 이용하는지 물어보는 것도 좋은 방법이다. 학창 시절 이성에게 인기 있는 친구에게 비결을 물어보거나, 옷 잘 입기로 소문난 친구에게 어디에서 옷을 샀는지 물어본 적 있을 것이다. 그때와 마찬가지다. 의외로 선뜻 알려줄 것이다.

참고로 우리는 선물거래 세미나나 자기계발 세미나 등 우리 비즈니스와 관련이 없는 세미나에 참석하곤 한다. 그 세미나들의 내용이 궁금해서라기보다 세미나가 끝났을 때 어떤 백 엔드 상품(208쪽 참조)을 판매하는지 클로징 방식을 보러 간다. 타 업종에서 사용하는 수법을 e-비즈니스에도 활용할 수 있기에 말하자면 시찰하러 가는 셈이다.

이밖에 메일매거진을 읽을 때는 광고란에도 주목한다. 부수가 어느 정도 되는 메일매거진은 광고란이 따로 마련되어 있다. 거기에 기재되어 있는 모집 정보를 클릭하면 광고료를 알 수 있다. 'ㅇㅇ만 부 발송에 ㅇㅇ만 원'과 같은 가격 정보를 보면, 메일매거진 광고의 시세나 인기 있는 광고매체, 돈을 버는 광고주(늘나와 있다) 등을 대략 알 수 있다. 이런 착실한 조사가 지식으로 쌓여 상품개발력과 판매력을 키워준다. 인터넷상의 메일매거진이나 블로그에서 정보를 입수할 때는 다음 선택 기준을 고려하자.

1_ 실명으로 발송하는 사람을 고른다

카페나 블로그에서는 기본적으로 닉네임을 사용하지만, 프로필에는 실명을 올려놓는 사람이 있다. 본인 서명이 없는 정보는 실제 경험에 기초한 오리지널 정보(1차 정보)가 아니라 누군가에게 들었거나 다른 책과 메일매거진, 블로그에서 가져와서 만든 정보(2차 정보)일 가능성이 크다. 즉 정보의 정확도가 낮아 읽을 가치가 떨어지므로 꼭 확인하자.

2_ 본인이 하고 싶은 분야에 관한 것으로 좁힌다

분야나 방향성을 어느 정도 정했다면 정보를 취사선택하고, 진입하고 싶은 분야에서 성공한 사람의 메일매거진을 구독하자.

물론 e-비즈니스라고 모든 정보를 인터넷에서 수집할 필요는 없다. e-비즈니스에 관한 책도 있다. 초보자의 경우 책만 읽고 e-비즈니스를 시작하기에 다소 어려울 수 있지만 전체상을 파악하는 데는 도움이 된다. 또 비즈니스 전반과 마케팅 관련 책은 사업수행 능력을 높여주므로 추천한다. 우리 역시 자주 읽는다.

다만 정보를 '지식으로 쌓아두기만 하면' 아무런 의미가 없다. 단순한 '정보 수집가'에 머무르지 않도록 주의하자. 책이든 블로그든 메일매거진이든 비즈니스를 하는 데 도움이 되어야 가치가 있다. 당신에게 가장 도움되는 것은 비즈니스를 하면서 겪는 실패와 시행착오, 그리고 거기에서 얻는 고객의 생생한 목소리다.

무료 정보의 이면과
진의를 읽어낸다

 블로그, 메일매거진, 세미나 등에서 정보를 얻을 때는 '발신자가 왜 그 정보를 흘리고 있는가?'를 생각해봐야 한다. 인터넷상의 정보는 신문이나 TV뉴스처럼 '공공성' 측면에서 걸러진 내용이 아니다. 따라서 발언을 그대로 받아들이기 전에 일단 발언자 입장에서 다시 한 번 생각해보는 것이 중요하다. 다만 메일매거진 집필자나 세미나 강사는 자신의 경험을 바탕으로 이야기하는 만큼 신뢰도를 측정할 명확한 기준이 없다.

믿을지 말지는 정보를 받아들이는 사람의 책임이다.

블로그나 메일매거진에 등장하는 정보에는 십중팔구 의도가 깔려 있다. 정보교재나 비즈니스 아카데미·컨설팅 판매, 어필리에이트를 목적으로 처음부터 계산해서 정보를 발송하는 경우가 많다. 상업적 포석인 셈이다. 이는 무료 혹은 저렴한 세미나도 마찬가지다.

요즘은 e-비즈니스에서 '무료 오퍼'가 유행이다. 136쪽에서 이야기한 '공짜 마케팅'의 일종으로 e-비즈니스로 돈 버는 법을 동영상이나 PDF 파일 형태로 무료 제공하는 것이다. 그중에는 유료 교재에 견줄 만큼 알찬 것도 있다. 노하우뿐 아니라 e-비즈니스 작업효율을 높이는 툴을 무료로 받는다면 꽤 매력적인 구성이다. 다만 공짜 마케팅이라 메일 주소를 등록하면 정보를 받는 구조이며, 메일로 몇 번 정보를 제공하고 나면 사이트로 유도해 유료 비즈니스를 소개한다.

사람의 심리가 우수한 콘텐츠를 무료로 받으면서 관심이 생기고 신뢰가 쌓였을 때 '유료로 전환하면 사람들이 잘 모르는 더 좋은 정보를 받아볼 수 있다'라는 말을 들으면 솔깃하기 마련이다. 이런 식으로 접근하면 한 번에 바로 판매하는 것보다 계약률이 훌쩍 올라간다. 특히 2011년 즈음부터 e-비즈니스 분야의 메일매거진에서는 무료 오퍼 소개가 대폭 늘었다. 규모와 상관없이 판매자들은 취향과 전략을 뒤섞어 이런 프로모션을 실시한다. 우리도 이용하고 있는 제법 유효한 기법이다.

우리가 말하고 싶은 것은 이러한 수법에 속지 말라는 것이 아니다. 구조를 일찌감치 깨닫고 정보에 놀아나지 말라는 말이다. 자신이 언젠가 판매자나 기획자의 입장이 되었을 때를 생각하면서 메일매거진과 블로그의 정보를 대해야 한다.

단순히 고객의 자세로 정보를 보지 말고 일부러 상대의 계략에 빠지면서 상대의 전략을 연구하는 것이다.

예컨대 온라인 쇼핑몰에서 상품을 구매할 때는 메일 주소 등의 개인정보를 입력하게 되는데, 이 경우 기업에서 광고 메일을 보낼 것이라고 예상할 수 있다. 실제로 광고 메일이 오면 신제품 판매를 알리기 전에 예고하는 내용이 있다.

2통 전(메일 내용) 이런 적이 종종 있지 않나요? → (당신) 그런 것 같기도 한데.

1통 전(메일 내용) 이럴 때 힘들죠? → (당신) 그래, 그렇지.

광고(메일 내용) 이런 일로 힘들 때 도움이 되는 상품이 나왔습니다!

→ (당신) 그런 거였군! 그래도 정말 편리할 것 같은데 한번 사볼까?

이런 식이다.

판매자가 보내는 메시지에는 반드시 의도가 숨어 있다.

메일매거진을 받으면 그 내용을 곧이곧대로 받아들이지 말고 왜 그 타이밍에 왔는지, 왜 이 화제를 언급하는지 꿰뚫어 보겠다는 마음으로 냉철하게 읽어보자.

아이디어는
일상생활에 뒤섞여 있다

우리는 늘 여러 개의 e-비즈니스를 동시에 진행한다. 새롭게 시작하려고 준비하고 있는 기획도 수십 개가 넘는다. 메모 정도의 아이디어라면 마인드맵 소프트웨어에 수백 개가 쌓여 있다. "어디서 비즈니스의 아이디어를 얻나요?"라는 질문을 종종 받는데, 획기적인 아이디어나 발상이 갑자기 머리를 스치거나 하늘에서 뚝 떨어진 적은 없다.

지극히 평범한 일상생활 속에서 비즈니스의 소재를 찾고, 아이디어로 발전시켜 저장한다.

평범한 하루도 24시간 동안 신문, TV, 인터넷을 보거나 잡지를 읽기도 하고, 이동하면서 간판이나 지하철 광고를 보기도 하며, 주변 사람들의 대화가 귀에 들리는 등 다양한 정보를 얻게 된다. 누구나 그럴 것이다.

문제는 안테나가 어디로 향하고 있는가다.

당신의 일상에는 비즈니스의 사고력과 기획력을 단련시켜 줄 사례가 수두룩하다. 정보원이 거리에 거저 굴러다니고 있는 격이다. 특히

이미 세상에 나와 있는 상품과 광고는 비즈니스의 살아 있는 견본이다.

말하자면 판매자, 즉 광고주가 전부 비용을 부담하고 당신을 위해 마케팅 실례를 보여주고 있는 것이다. 찬찬히 관찰해보면 상품 타깃이 누구이고, 어떤 니즈를 채우기 위해 개발된 것인지 기업의 전략이 눈에 들어온다. 특히 자주 눈에 띄는 인기상품 광고나 대기업이 만든 광고는 충분한 예산을 들여 전문 광고인과

마케터가 지혜와 기술을 합쳐 만들어낸 작품 수준이므로 스터디 소재로 안성맞춤이다.

광고를 볼 때는 메일매거진과 마찬가지로 그 이면에 무엇이 있는지를 생각해야 한다. 이를테면 지하철역에서 체형관리실 광고를 봤다고 하자. 그 광고에 쓰인 캐치프레이즈와 이미지 사진, 모델로 기용된 연예인 등을 보면서 콘셉트와 판매 전략을 추리하고 상상해본다. 타깃은 누구이고, 연령대는 어느 정도를 생각하는지, 왜 지금 이벤트를 하는지, 그리고 왜 무료로 증정하고 있는지 등을 말이다.

광고를 보고 추론되는 기업의 의도와 배경에 깔린 전략에 나름의 가설을 세워보자. 가설이 정리되었다면 그 회사 홈페이지에 들어가 본다. 상품 콘셉트, 서비스의 이유가 소개되어 있으므로 자신이 추론한 내용과 정답을 비교하며 맞춰볼 수 있다.

눈길을 끈 광고가 있다면 반드시 그 이유를 검증해보자. 외식할 때도 왜 특정 메뉴를 눈에 띄게 해두었는지, 왜 그 메뉴만 유독 저렴한지 등 가게 측의 판매 전략을 분석해보라. '어째서?', '왜 이렇게 했지?' 하고 끊임없이 묻는 습관이 당신의 지식이 되고 소양이 된다.

굳이 밖에 나가지 않아도 인터넷으로 볼 수 있는 사례도 많다. 이를테면 매일 당신에게 발송되는 메일매거진 상단과 하단에 있는 두세 줄의 텍스트 광고를 클릭해서 10초 동안 살펴보아라. 이런 식으로 하루에 3번만 하면 1년에 1,000개 이상의 광고를 공부할 수 있다.

관심 가는 샘플 증정 이벤트가 있다면 신청해보고, 어떻게 접근해오는지를 관찰하면 증정 이벤트 활용법이 보인다. TV나 잡지 등 매체에 따라 표현 방법은 다르지만, 같은 상품이라면 같은 내용을 어필할 것이므로 내용을 연구하면서 힌트를 얻어보자.

진짜 정보는 배우는 것이 아니라 스스로 깨닫는 것이다.

수동적인 자세에서 벗어나 적극적으로 정보를 낚아채자. e-비즈니스에서 승승장구하려면 능동적으로 정보를 가까이 두어야 한다. 광고기획자의 생각과 행동을 훔쳐보겠다고 마음먹는 순간, 광고를 보는 눈이 달라지고 날아드는 정보가 바뀔 것이다.

우리가 e-비즈니스 공부에 특히 도움된다고 생각한 것은 '통신판매 광고'다. 통신판매업체는 대부분 온라인 쇼핑몰에서 수익을 올린다. 통신판매와 온라인 쇼핑몰은 둘 다 'B to C 모델'이기 때문에 궁합이 잘 맞는다.

'B to C'란 'Business to Consumer(비즈니스 투 컨슈머)', 즉 개인 고객을 상대로 하는 비즈니스로, 회사가 개인 소비자에게 직접 판매하는 거래 관계를 말한다. 통신판매업체는 대부분 개인 고객을 상대로 아주 유효한 수법인 DRM(Direct Response Marketing, 직접반응판매모델)을 도입하고 있다.

DRM은 무작정 상품을 판매하는 것이 아니라 광고 등을 매개로 소비자와 소통하면서 판매를 촉진하는 마케팅 기법이다. 소통 과정에서 얻는 고객의 반응response을 피드백해 상품을 더 효과적으로 판매하기 위해 실시한다. 예컨대 통신판매업체는 흔히 광고에서 "문의는 지금 바로, 0121……" 하면서 전화번호를 안내한다. 일단 관심을 보인 고객과 접촉하고, 일대일로 밀접하게 소통하면서 고객의 문제를 해결하려고 하는 영업을 한다. 이는 e-비즈니스에서 아주 유효한 방식이다.

관심을 보이는 잠재고객으로 타깃을 좁히고, 고객 개개인에게 정확하게 접근하면 더 높은 성과를 낼 수 있다.

이와 같이 다양한 사례를 머릿속에 저장해두면, 나중에 또 다른 광고 기법을 봤을 때 이전에 본 패턴과 연결해 비즈니스 아이

당신의 안테나는 어디로 향하고 있는가

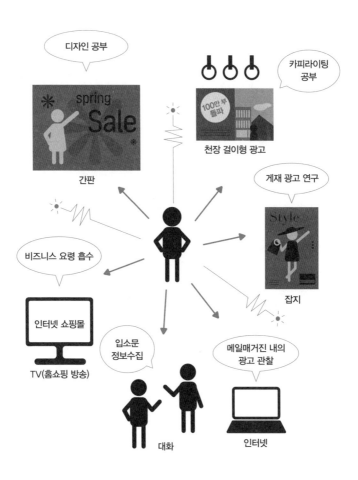

어떻게 안테나를 세우느냐에 따라 당신이 얻을 수 있는 정보는 더 많아진다.

디어를 떠올릴 수 있게 된다. 다른 사람에게는 무가치한 정보에서 생각지도 못한 힌트를 얻을 수도 있다.

정보는 보는 사람에 따라 가치가 달라진다.

안테나를 꼿꼿이 세우면 일상생활이 비즈니스 감각을 키우는 탁월한 현장으로 바뀐다. 처음에는 버벅대겠지만 경험이 해결해 줄 것이다.

뛰어나지만 늦는 사람보다
미흡해도 빠른 사람이 더 낫다

e-비즈니스에서 성공하는 사람은 아무리 미흡해도 일단 끝까지 마무리한다.

예를 들어 사이트를 만들 때 3개월 동안 만들 수도 있지만, 집중하면 사흘 만에 만들어낼 수도 있다. e-비즈니스에서 성공하는 사람은 대부분 후자다. 그래서 경쟁자보다 다소 늦게 출발했더라도 순식간에 따라잡아 앞지르기도 하고, 다음 기회를 잡을 수도 있기 때문에 성공을 향한 길이 점차 확대된다. 즉 행동이 굼뜨면 각종 기회를 놓칠 수도 있다. 한마디로 '교지졸속巧遲拙速'• 이다.

인간은 본래 게으른 존재라 나중에 해야지 하고 생각하면 좀처럼 실행에 옮기지 못한다. 자신도 모르게 자꾸만 뒤로 미루고 싶은 마음은 충분히 이해한다. 하지만 기껏 빛나는 아이디어를 찾았는데 실행하지 않는 것은 너무 안타까운 일이다.

해야 할 일을 미루는 습관이 있다면 스스로 결승선을 통과할 시기를 정해야 한다.

예를 들면 우리는 대규모의 고객이 필요한 비즈니스를 새로 시작할 때는

반드시 돈을 선지급한다.

무슨 말인가 하면, 먼저 고객을 모집할 광고 게재기일을 정하고 바로 매체에 신청해버리는 것이다. 그리고 1,000만 원 단위의 요금도 바로 지불해버린다. 그러면 큰돈을 허공에 날릴 수 없으니 정해진 발매일까지 상품·서비스를 제공하기 위해 필사적

• 뛰어나지만 늦는 사람보다 미흡해도 빠른 사람이 더 낫다는 뜻. —옮긴이

으로 움직이게 된다.

물론 무모한 방법이라고 생각할 수도 있다. 하지만 하지 않으면 안 되는 상황에 밀어 넣으면 누구라도 해내게 된다. 제3자를 가운데 두고 내가 하지 않으면 민폐를 끼치는 상황을 만들거나, 사회적 신뢰를 잃을지도 모르는 리스크를 만드는 등 강제력을 동원해서라도 마무리를 지을 때까지 채찍질한다. 예전에 세미나에서 이 이야기를 했더니 누군가 이런 질문을 했다.

"하지만 그렇게 할 수 없는 일도 있지 않나요? 중요한 사이트라면 더 차분히 공들여서 만들어야 하는 것 아닌가요?"

언뜻 들으면 맞는 말 같다. 그런데 한번 생각해보자. 우리의 일터는 인터넷이다. 인터넷은 언제든 수정할 수 있는 특징이 있다. 설령 초반에 사이트의 완성도가 다소 떨어진다고 해도 수정은 이후에도 할 수 있다. 인쇄매체에 광고를 찍을 때는 최종교정에서 완벽하지 않으면 인쇄 후에 수정할 수가 없다.

하지만 사이트는 당일에도 수정할 수 있다. 테스트 차원에서 사이트를 공개하고 고객의 의견을 수렴해 수정해나가는 것이 결국에는 고객의 니즈에 들어맞는 사이트로 완성시키는 길이다. 인터넷의 이러한 이점을 굳이 거부할 이유는 없다고 본다.

새로운 일을 시작할 때는 우선 비즈니스의 시작과 상품 발매

빨리 하는 편이 좋은 결과를 낳는다

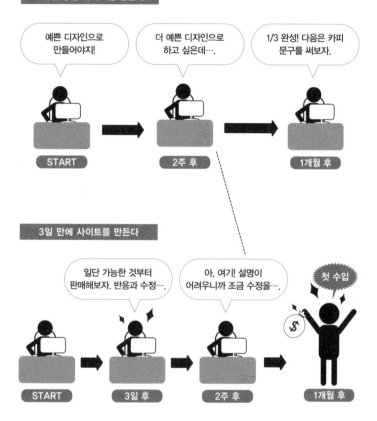

먼저 판매를 시작한 후 나중에 고객의 반응에 맞춰 수정해나가면 된다.

일을 고객에게 알리고 약속하자. 나 혼자 결심하면 게으름이 튀어나올 수 있지만, 고객과 같은 제3자와 약속하면 깰 수도 없으니 끝까지 해내게 된다. 그리고 마감일이 다가오는 상황에서 일을 진행하면 신기하게도 머리가 잘 돌아간다. 막다른 골목에 몰리면 능력이 최대치로 발휘되는 모양이다.

이것은 업무 전반에 해당되는 말인데, 다소 부족하더라도 한 번에 끝까지 해봐야 전체상을 파악할 수 있다. 일을 끝까지 마무리해보면 중요한 부분이 어디인지 파악하게 되어 전체적으로 순조롭게 작업할 수 있게 되는 이치다.

더 효율적으로 진행하기 위해, 그리고 계속 성공하기 위해서라도 전체상을 파악하면서 일단은 일을 끝까지 마무리해보자.

완벽주의자는
성공하지 못한다

놀랄지도 모르겠지만 e-비즈니스에서 성공하는 사람들은 꼼꼼하지 못한 사람이 많다.

우리가 아는 한, 오히려 거물일수록 좋은 의미에서 '적당하게'를 추구하는 사람이 많을지도 모른다.

잠시 볼링장을 떠올려보자. 스트라이크를 치고 싶다면 어떤 핀을 노리는가? 대부분 맨 앞의 핀을 노릴 것이다. 센터 핀(1번 핀)만 제거하면 스트라이크를 치지 못하더라도 꽤 많은 핀을 넘어뜨릴 수 있기 때문이다. 비즈니스도 마찬가지다. 센터핀을 정확히 노리면, 나머지 부분에는 크게 에너지를 쏟지 않아도 대부분 잘 풀린다. 실제로 센터 핀에 해당하는 부분이 비즈니스의 핵심(상품 콘셉트)으로, 그 핵심만 파악하면 어느 정도 결과가 보장된다.

상품 판매 사이트를 예로 들어보자. 아주 그럴듯하고 아름다운데 상품의 장점(핵심 부분)이 눈에 띄지 않는 사이트와 그리 뛰어난 디자인은 아니지만 핵심이 한눈에 들어오는 사이트, 어느 쪽이 좋은 사이트일까? 그렇다. 후자다! 왜냐하면

<u>고객이 가장 처음 원하는 정보는 센터 핀이기 때문이다.</u>

비록 사이트의 70퍼센트가 미완성일지라도 상관없다. 그 상품이 고객의 니즈에 부합하거나 문제해결에 도움이 된다는 것만 확실히 전달되면 다른 요소는 부차적인 문제로 추후에 보완해도 충분하다.

e-비즈니스로 승승장구하는 사람은 이 사실을 경험으로 알고 있어서 처음부터 센터 핀 이외의 부분에는 에너지를 쏟지 않는다. 사이트를 필요 이상으로 깔끔하게 완성하려고 한다거나, 문장 교정에 과하게 시간을 들이고, 사진과 디자인에 엄청나게 공을 들이는 등 처음부터 완벽을 추구하다 보면 전체상이 드러나

기까지 어마어마한 시간을 소비하게 된다.

분명히 말하지만 완벽을 추구하는 사람은 성공하기 어렵다.

물론 이 모든 요소들의 품질이 탁월하다면 더할 나위 없다. 하지만 센터 핀부터 넘어뜨린다고 할 때, 나머지는 참고 정보 수준으로 '매출 증대'라는 목적에 공헌하는 정도가 미미하다. 매출에 직결되지 않는 부분에 귀중한 시간과 노력을 기울이면 매일매일 업데이트가 필요한 e-비즈니스에서 성공하기 힘들다.

e-비즈니스가 보급되기 시작하던 무렵 '정보교재 판매 사이트는 수상하고 지저분할수록 잘 팔린다'라는 말이 있었다. 실제로 유명한 사이트는 세련미와는 거리가 멀었다. 그런데 최근에는 사이트는 아주 깔끔한데 센터 핀을 놓쳐 돈을 못 버는 사람들이 많아 안타까울 따름이다.

실제로 수강생들 중에도 사이트 제작에 엄청난 돈과 노력을 쏟는 사람들이 있다. 회사 봉투 디자인에 공을 들이고, 사양 뛰어난 컴퓨터를 준비하고, 고객센터는 수신자 부담 전화로 구축하는 등 처음부터 완벽을 목표로 한다. 계속 강조하지만, 비즈니스는 매출이다. '나무만 보고 숲을 보지 않으면' 비즈니스는 성립되지 않는다. 절대 빠뜨리면 안 되는 것을 찾아내 집중적으로 공략해야 한다. 그것이 성공의 열쇠다.

최소한 알고 있어야 할
금전 감각

e-비즈니스는 가진 돈이 거의 없어도 시작할 수 있다는 점에 매력을 느끼고 시작한 사람도 많을 것이다. 적은 자금으로 시작할 수 있다는 것은 분명한 사실이다. 하지만 당연히 어느 정도의 돈은 필요하다. 아니, 그보다 돈을 들여야 할 곳은 들여야 한다.

우선 알아두어야 할 것은 투자금의 유무에 따라 비즈니스를 성립하기까지의 속도가 크게 달라진다는 점이다. 돈을 들이면 수고가 줄어드는 만큼 자신이 꼭 해야 하는 일에 집중할 수 있어서 비즈니스를 궤도에 올리기까지 시간이 단축된다. 바꿔 말하면 돈을 아끼다 보면 그만큼 늘어난 잡무를 하느라 시간을 빼앗기게 된다. 돈을 들인 사람과 비교하면 비즈니스를 시작하기까지 상당한 시간이 소요되는 것이다.

비즈니스인 이상 최소한의 자본은 필요하다. 돈을 한 푼도 안 쓰고 e-비즈니스를 하겠다는 것은 어불성설語不成說이다.

성공하고 싶다면 필요한 비용은 제대로 쓸 줄 아는 자세가 필요하다.

e-비즈니스를 시작할 때 필요한 돈은 주로 이런 것이다. 우선 e-비즈니스를 배우는 데 필요한 돈이다. 무료로 구독할 수 있는 블로그나 메일매거진 외에는 교재를 사거나 세미나에 참여하는 데 돈이 든다. 그리고 비즈니스를 완성하려면 서버 임대비용과 도메인 취득비용 등이 반드시 필요하므로 무일푼으로는 불가능하다. 이외에도 사이트 제작 등은 본인이 할 수도 있지만 전문가에게 맡기면 더 나은 결과를 얻을 수 있다.

빨리 성공하고 싶다면 써야 할 곳에는 돈을 쓰자.
이것이 철칙이다.

이렇게 하면 1장에서 이야기한 '성공 곡선'의 급상승 커브에 들어가기 전인 준비 기간(61쪽 참조)을 단축할 수 있다. 반대로 시간을 들이는 쪽을 선택한 경우, 노력이 일정량에 달할 때까지는 성공 곡선의 저공비행 상태가 오래 지속될 것임을 각오해야 한다.

시간도 돈도 결국 당신의 소중한 자산이다.
돈을 쓸지, 시간을 쓸지는 당신의 선택이다.

다만 앞에서도 이야기했지만, 비즈니스를 성공시키는 데 '속도'는 필수불가결이다. 가능한 한 돈을 쓰는 방향으로 선택하기를 바란다.

'진짜 돈이 없는 상황에서 조금이라도 더 벌고 싶어서' e-비즈니스를 하는 사람이라면 돈 대신 노력을 더 기울여 조금씩 전진하는 수밖에 없다. 물론 그 길에도 희망은 있다. 실제로 블로그에 매일 꾸준히 기사를 업데이트하면서 인기 블로거가 된 후 어필리에이트로 한 달에 1,000만 원 이상을 버는 사람도 있다.

또 내가 아는 어떤 사람은 500만 원을 주고 어필리에이트 아카데미에 들어가 기초를 다지고 혼자 천천히 일하더니 3개월 후에 10만 원을 벌면서 드디어 스타트를 끊었다. 3개월이 걸릴지,

더 짧게 끝날지, 아니면 더 오래 걸릴지는 아무도 알 수 없다. 안타까운 점은 대부분의 사람들이 불투명한 시간을 견디지 못하고 포기하고 만다는 것이다.

단기간에 사업을 진행하고 싶은 사람은 일단 창업자금을 모은 후 진입하기를 추천한다. 일단 하고 싶은 e-비즈니스의 계획을 세우고, 시작하는 데 필요한 자금이 얼마인지 따져보라. 주말에 단기 아르바이트를 해서라도 종잣돈을 모으고, 준비가 되면 비즈니스를 시작하라. 그렇게 모은 돈을 외주비용에 충당하고 단번에 나아가자.

물론 돈만 있으면 된다는 말은 아니다. 비즈니스 모델을 제대로 완성하는 데 집중해야 한다. 돈을 벌어들이지 못하는 비즈니스는 아무리 자금을 들이부어도 밑 빠진 독에 물 붓기다. 계획성 있게 돈을 쓰자.

혼자서 비즈니스를 시작할 때 주의해야 할 점이 있다. 비즈니스에 쓰는 돈은 사업자금이므로 개인 지갑과는 별도로 관리해야 한다. 당연한 말이지만, 비즈니스 경비는 생활비와는 다르다. 항목별로 요점만 정리해도 좋으니 사용 기록을 남겨두자. 그리고 또 하나,

사용할 돈은 항상 '숫자'로 보자.

투자한 숫자를 키워 회수하는 것이 비즈니스다. 투자금에 걸맞은 수입인지를 늘 따져보자.

어떤 분야에서든
성공하는 기술

e-비즈니스를 하고 싶지만, 자신이 어떤 분야에 적합한지 잘 모르겠다는 질문을 자주 받는다. 그런데 어떤 분야에 어울릴지는 실제로 해보지 않으면 모르는 법이다. 본인이 관심 있고 해보고 싶다는 생각이 드는 분야라면 일단 도전해보자. 어필리에이트, 옥션, 리셀, 정보교재, 수입 판매, 매칭 비즈니스는 성장 중인 시장이므로 아직 기회가 있다. 어떤 분야에 뛰어들든 한 달에 1,000만 원 정도의 수입은 충분히 달성할 수 있다.

나(사토)는 정보교재 어필리에이트로 시작했다. 퇴사하고 카페 경영에 실패한 후 2억 원의 빚이 있었던 나는 효율적으로 돈을 벌 수 있는 비즈니스를 찾고 있었다. 그때 만난 것이 e-비즈니스였다.

첫 달은 그야말로 잠도 자지 않고 노트북에 매달려 있었다. 때마침 정보교재가 일본에 등장한 지 얼마 되지 않아 빠른 성장세를 보이던 때라 다음달에 1,000만 원 이상의 수익을 냈다. 하지만 구매자 리스트를 알 수 없는 점이 마음에 들지 않았다. 돈을 벌고 싶은 마음은 물론 있었지만, 나만의 상품이나 서비스를 파는 비즈니스를 하고 싶었기 때문이다.

그러기 위해서는 어필리에이트를 계속하는 것은 도움이 안 된다고 생각했고, 시장을 주시하다가 정보 판매와 아카데미 운영 비즈니스로 옮겨갔다. 그 결과 현재에 이르렀고, 연 수입 20억 원이 되었다. 그때 어필리에이트를 계속했더라면 지금과 같은 성과는 없었을 것이다.

이후 5년이 지났다. e-비즈니스 업계는 하루가 다르게 변화하고, 속도는 점점 더 빨라지고 있다.

앞으로 e-비즈니스에 전략적으로 뛰어들 생각이라면, 어떤 분야가 있는지 철저히 조사하고 분석해 진입 분야를 결정해야 한다.

분야는 뭉뚱그리지 말고 잘게 세분화한 뒤 해당 그룹에서 최고인 사람을 조사해보라. 특출한 사람이 없거나 경쟁 상대가 겨뤄볼 만하다면 절호의 기회다. 진입해도 좋은 분야라고 할 수 있겠다.

분야를 좁혀가다 보면 반드시 그런 틈새 서비스를 기다리는 고객이 존재한다. 혼자서 충분히 수입을 낼 수 있는 니즈가 아직 시장에 숨어 있다는 뜻이다.

누구나 취급하는 상품이 아니라 소수여도 광적인 팬이 존재하는 상품을 독점적으로 취급한다면 고수익을 기대할 수 있다.

처음에는 무엇이든 도전해보자. 어느 정도 수입이 생긴다면 그 분야가 당신에게 잘 맞는 것이다.

어떤 분야든 돈을 버는 것의 본질에는 공통점이 있다.
가장 필요한 자질은 돈을 버는 것을 좋아하는 것이다.

명심하라.

e-비즈니스니까
더더욱 앞을
내다보고 움직인다

e-비즈니스 성공의 필수 요소 '시스템'

잘못된 노력은
여물지 못한다

"마라톤 풀코스 거리(42.195km)를 30분 이내에 들어오십시오."

이 말을 들으면 무슨 생각이 드는가? 99퍼센트는 불가능하다고 생각할 것이다. 마라톤 완주 경험조차 없는 우리도 당연히 불가능하다고 느낀다. 노력한다고 되는 수준이 아니기 때문이다.

그렇다면 어떻게 해야 할까? 해결 방법은 페라리를 타는 것이다. 시속 100킬로미터는 가볍게 달릴 수 있으니까 40킬로미터 조금 넘는 거리라면 30분 이내에 결승선을 통과할 것이다. 반칙 아니냐고 발끈할지도 모르겠다. 하지만 탈것을 사용하면 안 된다는 규칙은 어디에도 없었다.

바퀴 달린 것이든 날개 달린 것이든 그것을 사용한 사람이 이기는 것이다.

'열심히 해서 30분 안에 주파해야지!' 하는 결의만으로 해결될 일이 아니다. 달리기 연습도 중요하지만, 지금 할 수 있는 일이나 차를 이용해야겠다는 지혜를 발휘해야 한다. 차에 올라타면 그다음은 액셀만 밟으면 목표 지점에 도착할 수 있다.

e-비즈니스로 말하자면 '탈것'이 '시스템'에 해당하는 부분이다. 아무리 혼자 애써도 해결되지 않는 영역에 도달하고 싶을 때는 지혜를 짜내어 빠른 차를 타고 편안하게 가면 된다. 그런데 많은 사람들이 이 방법을 알아채지 못해 성공하지 못한다. 결승선으로 가는 과정을 단축하기 위해서는 어떻게 해야 하는지 생각하지 못하기 때문이다.

예를 들면 이런 것이다. 월수입 1,000만 원을 목표로 잡은 사람이 1만 원짜리 아르바이트를 시작했다. 한 달 내내 부지런히 일해도 손에 들어오는 건 200만 원의 수입뿐이다. 분명 노력했지만 목표에는 한참 모자란 금액이다. 이 방법으로 1,000만 원을 모으기 위해서는 1,000시간의 노동, 그러니까 쉬지 않고 24시간 일해도 42일이 걸린다. 다른 방법을 찾아야만 한다. 시급이 높은 일로 바꾸는 것도 하나의 방법이다. 하지만 그래도 1,000만 원 이상은 기대하기 어렵다. 그렇다면 어떻게 해야 할까?

'노동 시간 = 수입'인 틀을 깨는 것이 답이다.

물론 노력도 해야 한다. 직접 땀 흘리면서 해야 할 일도 많다. 단지 그렇지 않은 일도 해야 한다는 뜻이다.

내가 아니라도 할 수 있는 일은 최대한 다른 사람이나 툴에 맡기자. 내가 꼭 해야 하는, 나만 할 수 있는 일만 내가 하면 된다.

이렇게 하면 월수입 1,000만 원도 꿈은 아니다. 시스템을 효율적으로 구축하면 본업을 유지하면서 부업으로 돈을 벌 수 있고, 비즈니스를 복제해 적은 노력으로 확장하는 것도 가능하다. 우리 회사가 1년 반 만에 급성장한 것도 우리가 '탈것을 사는 노력', 즉 '시스템 구축'에 항상 신경 썼기 때문이다.

실제로 주변 사람들은 우리가 별로 일을 안 하는 것처럼 보인다고 말한다. 확실히 실무는 거의 하지 않는 편이다. 직원과 거래처에 지시사항을 전달하고 뒷일은 모두 맡긴다. 참고로 우리가 하는 일은 주로 사람을 만나는 일이다. 기본은 업무 협의지만 90퍼센트는 잡담이다. 잡담을 나누는 가운데 정보를 교환하고 새로운 비즈니스 모델을 모색한다. 이것은 우리가 직접 하지 않으면 안 되는 일이다.

내가 하지 않아도 직원이 알아서 움직이는 시스템.
내가 팔지 않아도 고객이 사는 시스템.
비즈니스가 알아서 돌아가는 시스템.

e-비즈니스를 시작한 순간부터 시스템 구축은 시작된다. 시스템을 구축해두면 자신의 두 다리만으로는 결코 도달할 수 없는 결승점을 목표로 삼는 것이 충분히 가능해진다.

돈이 들어오는 시스템이
완성되었다면 복제하자

돈이 들어오는 시스템 구축의 최종 목표는 내 손을 거치지 않아도 비즈니스가 돌아가는 형태다. 나(고지마)는 예전에 미국에 유학한 경험과 새로운 것을 좋아하는 아버지의 영향을 받아 어릴 때부터 PC와 친숙했지만, 여태껏 홈페이지 하나 만들지 못한다. 엑셀이나 워드도 최소한만 할 수 있다. 물론 PC와 인터넷이 얼마나 편리하고 훌륭한지는 잘 알고 있다. 하지만 지금의 나에게는 이 정도 기술이면 충분하다. PC나 인터넷 관련 업무는 전부 직원과 거래처에 맡기기 때문이다.

비즈니스 규모가 어느 정도 커지면 인재 채용을 고려해야 한다. 1인 비즈니스는 여러모로 리스크가 있기 때문이다. 내가 몸이 아파 쓰러지기라도 하면 그 즉시 올스톱이다. 지금까지 노력해온 것들이 하루아침에 물거품이 되기도 한다.

해야 할 일을 하기 위해서는 전적으로 맡아서 일 처리를 해줄 직원이 필요해지는 것은 당연한 수순이다. 외주와 내부직원은 효율이 완전히 다르다. 외주로는 한계가 있다. 적은 수입으로도 만족한다면 별개의 이야기지만,

연 수입이 수억, 수십억 원대 비즈니스를 목표로 한다면 큰맘 먹고 전담 직원을 고용하라.

e-비즈니스에서 성공한 사람은 반드시 어느 시점에 이르면 직원을 고용했다. 5년 이상 지속적으로 성공하고 싶다면 '1인 비즈니스'를 고집하지 말고 직원 채용을 반드시 검토해보자.

물론 채용은 단계적으로 진행하면 된다. 처음에는 아르바이트 계약에서 시작하면 크게 부담되지 않을 것이다. 지금까지 단기로 일해왔던 외주업자와 월 단위로 계약하는 방법도 있다. 사무실이 없어서 고민이라면 지금까지 해왔던 것처럼 재택근무를 하면 되므로 문제없다.

일단 당신의 손에서 실무를 내려놓아라.

수입의 일정 부분이 직원 급여로 나가는 대신 당신에게는 자유시간이 생길 것이다. 지금은 상상이 잘 안 되겠지만, 자유시간이 생기면 앞으로의 비즈니스를 심도 있게 구상할 수 있고, 2배, 3배로 새로운 수입을 창출할 수도 있다.

당신은 돈이 들어오는 비즈니스 모델을 만드는 데 집중하고, 그 외의 모든 작업은 전문가에게 맡기자. 분야마다 최고의 전문가에게 맡긴다면 예상한 것보다 더 놀라운 품질의 비즈니스를 완성할 수 있다. 그것을 완성하기 위한 시스템, 조직 구축이 당신의 비즈니스 미래를 크게 좌우한다.

다만 인재를 찾는 데는 시간이 걸린다. 요즘은 "세 바퀴 반은 돌아야 제자리를 찾는다"라고 말할 정도로 직원들이 자주 바뀐다. 직원이 퇴사하겠다고 하면 당연히 기운 빠지겠지만 좌절하지 말고 계속 인재를 찾아보자. 소중한 파트너를 찾는다는 생각으로 직원을 채용하자.

비즈니스는 '무엇을 하는가'보다 '누구와 하는가'가 중요하다.

돈을 버는 시스템

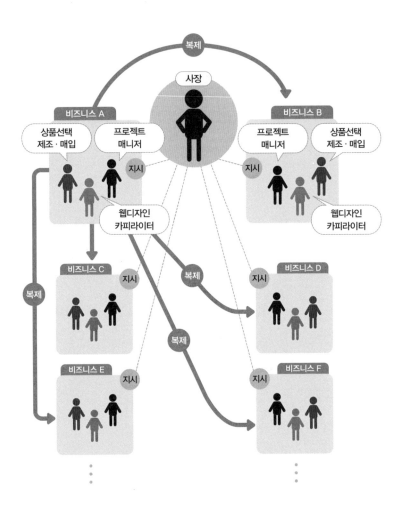

복제하는 것만으로 10억 원 + 10억 원 + 10억 원… 수입이 무한대로 늘어난다.

믿고 맡길 만한 직원을 배치하고, 제조부터 판매까지 자동화 시스템을 구축하고 나면 당신은 지금까지 해왔던 일을 하나 더 만들 수 있다. 성공한 비즈니스를 또 다른 타깃, 주제, 판로로 복제하는 것이다. 어필리에이트라면 취급 상품을 늘리고, 정보 판매라면 다른 콘텐츠를 기획해볼 수 있다. 새로운 수익원을 찾으면 외주비와 인건비로 줄어들었던 수입이 이전보다 늘어날 것이다.

　이 과정을 몇 번 반복하다 보면 여러 개의 수입 기둥이 세워진다. 각각의 기둥에서 당신의 분신인 직원이 외주업체와 툴을 활용해 착실하게 운영해준다면 당신은 일에 쫓기지 않고 전체상을 파악하면서 앞으로의 사업을 구상할 수 있다. 이런 환경이 성공하는 회사의 시스템이다.

이익을 창출하는 방정식
① 수익 확대 공식과 방문자 수

앞서 내부 시스템에 관해 이야기했는데, 당연한 말이지만 외부, 즉 고객을 상대하는 시스템 구축도 중요하다. 고객이 기분 좋게 당신의 상품·서비스를 구매하게 만드는 '마케팅' 시스템(마인드)에 관해서도 알아두자.

시스템이 얼마나 정교하게 만들어지냐에 따라 비즈니스의 성패가 갈린다. 마케팅이라는 말을 들으면 주춤하는 사람도 있겠지만 어렵게 생각할 필요는 없다. 다음 3가지 포인트를 최적화·고효율화한다고 생각하면 된다.

① 돈이 되는(잘 팔리는) 상품을 취급하고 있는가?

② 확실히 고객을 끌어 모으고 있는가? = 방문자 수

③ 방문한 고객이 구매까지 하고 있는가? = 구매 전환율

팔리는 상품을 갖추고 있고, 고객이 방문하고, 물건을 사는 가게인가 하는 지극히 당연한 이야기다. ①~③이 잘되고 있다면 당신은 비즈니스로 돈을 번다. 즉 이익을 창출하는 방정식을 완성했다는 말이다.

방정식은 다음과 같이 단순하게 표현할 수 있다.

② 방문자 수 × ③ 구매 전환율 = 성과(벌어들인 금액)

즉 ②와 ③을 최대·최적화하는 것이 수익 증대의 길이며, 당신이 해야 할 일이다. ②의 방문자 수를 늘리기 위해서는 다음과 같은 수단을 사용할 수 있다(③은 이어서 이야기하겠다).

1_ SEO: 검색 결과에서 상위에 표시되게 하는 기술

'SEO'는 'Search Engine Optimization'의 약자로 검색 엔진 최적화를 말한다. 즉 구글이나 야후와 같은 검색 엔진의 검색 견과에서 자사 사이트를 상위에 표시하기 위해 실시한다. 검색 엔진

을 최적화하는 방법은 각 검색 엔진마다 다르지만, 공통적으로
신경 써야 할 부분은 키워드, 콘텐츠, 링크다.

2＿ PPC 검색 연동형 광고: 광고비를 내고 상위에 표시

PPC는 'Pay Per Clic'의 약자로, SEO처럼 검색 결과에서 상위
에 표시되게 하는 방법이다. SEO는 검색 엔진의 작동법을 계산
해서 대책을 세우는 것인 데 반해, PPC는 검색 페이지의 상위에
있는 광고란을 돈을 주고 구입해서 표시하는 방법이다.

3＿ 메일매거진, 블로그, SNS 등 다른 매체에서 자사 사이트로 유도

4＿ 해당 상품에 적합한 매체에 광고 게재

5＿ 어필리에이터 활용

어필리에이터의 사이트에서 잠재고객을 불러들이는 방법이
다. 어필리에이터들이 1~3의 방법을 조합해 더 많은 비즈니스
타깃이 당신의 사이트에 유입되도록 자연스럽게 유도한다.

각각의 방법들은 따로 실행해도 좋지만, 조합해서 사용하면

비즈니스 타깃에 해당하는 사람들을 더 많이 불러올 수 있다. 고객이 당신의 사이트를 방문하는 경로는 많을수록 좋다. 이익을 내는 방정식을 완성했다면 방문자가 늘어날수록 수익도 늘어날 수 있도록 잘 계획해보자.

이익을 창출하는 방정식
② 구매 전환율

이제 '이익을 창출하는 방정식'을 이루는 3가지 요소 중 ③구매 전환율을 높이는 방법을 살펴보자. ③구매 전환율이란 사이트 방문자 중 구매자 비율을 말하는 것으로, 구매자 수를 사이트 방문자 수로 나눠서 계산한다. 이를테면 1개월 만에 3,000명이 당신의 사이트를 방문하고, 그중 30명이 상품·서비스를 구매한다면 30÷3,000=0.01이다. 즉 구매 전환율은 1퍼센트다(참고로 구매 전환율 1퍼센트는 합격점에 드는 우수한 수준이다).

구매 전환율을 높이려면 고객이 쉽게 구매를 결심할 수 있도록 사이트를 만들어야 한다.

보통 상품을 팔 때는 1상품·1사이트 판매가 철칙이라고 한다. 라쿠텐Rakuten, 아마존 같은 백화점이나 전문점 형식의 사이트를 살펴보면 역시 1상품·1페이지로 구성된다. 일부러 독자적인 방법을 내세우는 것도 방법이겠지만, 고객에게 진중하게 매력을 전달하고 싶다면 1상품·1페이지 형태가 좋다.

상품의 매력을 효과적으로 전달하는 사이트 형태와 판매 방법 4가지를 소개한다.

1_ 세일즈 레터형 사이트

'레터'라는 이름처럼 사이트를 방문한 고객에게 개인적으로 메시지를 보내듯이 카피를 쓰는 방법이다. 한 페이지 내에서 문제해결 방식과 혜택을 설명하는 것으로, 사이트가 위아래로 길어지는 특징이 있다. 하지만 마치 자신에게 쓴 편지처럼 느껴져서 감정이 이입되어 구매했다는 의견이 많고, 구매 전환율 또한 높아 일반적으로 사용하는 사이트 형식이다.

2_ 동영상 활용형 사이트

앞서 소개한 세일즈 레터형은 대중적으로 정착되면서 반응률이 떨어지고 있다는 의견이 있다. 그 대안으로 나온 것이 바로 동영상을 활용한 사이트다. 장문의 세일즈 레터로 전하던 메시지를 판매자 본인이 동영상을 통해 고객에게 직접 이야기하는 방식이다. 고객 입장에서는 판매자의 얼굴을 보게 되니 마음이 놓이고, 믿음이 생기며, 긴 글을 읽을 필요가 없어 편하다는 장점이 있다.

나(사토)도 한 정보교재 판매 사이트에 저자의 동영상 메시지를 올렸는데, 놀랍게도 구매 전환율이 1.5퍼센트에서 8퍼센트까지 상승한 적이 있다. 동영상은 잘만 활용하면 그만한 힘을 발휘한다. 단, 판매자의 캐릭터가 영상을 통해 직접 전달되므로 말주변이나 프레젠테이션 능력이 필요하다.

홈쇼핑에서 사용할 만한 배경음악과 시각효과를 많이 이용한 '인포머셜Informercial'• 이라는 광고 영상도 강렬한 인상을 남긴다는 의미에서는 효과적이다. 하지만 인포머셜의 경우 일정 수준에 미치지 못하면 역효과가 나기도 한다. 동영상은 말솜씨가 좋아야 설득력이 있는 만큼 철저히 계산해서 사용하자.

• 인포머티브 광고라고도 함. 1분~30분 동안 상품의 기능과 품질을 상세히 설명하는 방식의 광고. —옮긴이

3_ 스텝 메일로 신뢰 쌓기

아무리 공들여 사이트를 만들었다고 해도 첫 방문에 바로 구매하는 사람보다는 그렇지 않은 사람이 많을 것이다. 그렇다고 기껏 사이트를 방문한 사람들을 그냥 놓쳐버리는 것은 아까운 일이다. 그럴 때는 메일매거진을 구독하게 한 뒤 스텝 메일을 보내면 좋다. 일정에 맞춰 매번 새롭게 설정해둔 내용을 발송하면서 서서히 고객과 거리를 좁히고 신뢰를 쌓으면서 구매 욕구를 높여나가는 것이다.

4_ 1~3을 조합한 프로덕트 론치

언젠가부터 교재와 아카데미 분야에서 '프로덕트 론치Product Launch'•가 큰 인기를 끌고 있다. 1~3번 방법을 조합해 상품 출시 전에 고객의 기대치를 최고조로 끌어올리는 기법이다.

먼저 3회에 걸쳐 스텝 메일로 여러 동영상을 발송하면서 메시지를 전하고, 노하우를 일부 공개한다. 블로그에 후기를 올리게 해서 입소문 효과로 분위기를 조성하는 것이다. 이후 영상이나

• 일반적으로 신제품 출시 또는 신제품 출시 행사를 의미하나, 일본에서는 제품 출시 전 고객의 기대치를 높여 출시하는 동시에 매출 극대화를 노리는 마케팅 기법을 뜻하기도 한다. —옮긴이

말로 기대감을 올려가다가 최고치를 찍었을 때 판매 공지를 올리면 짧은 시간에 폭발적으로 매출을 올릴 수 있다.

우리도 최근에 제작한 교재와 아카데미는 이 방법을 활용해 고객을 모으고 판매했다. 인터넷이 아니라면 성립되지 않는 판매 촉진 모델이다. 다만 치밀한 계획과 준비 기간, 별도의 광고비가 들기 때문에 초보자가 시도하기엔 문턱이 높은 면이 있다.

당신의 사이트에 처음 방문한 고객은 상품을 구매해도 괜찮은 사이트인지 불안해한다. 따라서 일단 그 불안부터 제거해주어야 한다. 일반적으로 처음 방문한 사이트에서 얻은 정보에 대해 사람은 '3가지 벽'을 만든다고 한다.

'읽지 않는다.'
'믿지 않는다.'
'행동하지 않는다.'

다시 말해 계약을 성사시키려면 판매자인 **당신을 신뢰할 수 있게 말을 걸고, 벽을 허물어서, 사고 싶은 마음이 드는 단계**까지 끌고 가야 한다. 잘 팔리는 사이트는 유능한 영업사원이다. 카피라이팅의 힘에 1~4의 수법을 더해 고객의 마음을 단번에 사로 잡아 보자.

그렇다면 '3가지 벽'을 무너뜨리기 위해서는 어떻게 해야 할 까?

첫째, 사이트 톱 화면에 타깃 고객의 흥미를 끌 만한 캐치프레 이즈를 걸어라.
둘째, 압도적인 증거 제시와 정보 제공자의 신뢰감 있는 프로 필, 저명인의 추천사를 내세워라.
셋째, 명확한 혜택 외에 구매 기한이나 판매 개수 등을 제한하 라.

고객이 바로 구매 액션을 취하게끔 버튼 배치나 디자인 등에 도 신경 써야 한다. 카피 등을 이용해 고객의 마음을 사로잡아 3 가지 벽을 허물고 구매하도록 유도한다. 이때 쓰는 영업 멘트가 카피인 것이다.

비즈니스의 성공은 고객을 끌어 모아 계약까지 성사시킬 수 있는 사이트를 만들 수 있는지에 달렸다. 경쟁 상품의 사이트를 연구하고, 능력 있는 영업사원을 만들어내자.

이익을 극대화하는
백 엔드

e-비즈니스에서 이익을 극대화하는 공식은 다음과 같다.

이윤 극대화 = 고객 수 × 구매 단가 × 재구매

예를 들어 나는 여성을 대상으로 가슴관리법 DVD를 판매하고 있다. 이 상품을 판매하게 된 이유는 반드시 성공할 것이라는 믿음이 있었기 때문이다. 탄력 있는 가슴을 원하는 여성은 의외로 많다. 시장에 뿌리 깊은 욕구가 있었기 때문에 팔리지 않을 이유가 없었다. 일단 시작했으니 나는 최대한 이익을 내고 싶었고, 상품 판매 전에 다음 순서대로 움직였다.

1_ 파트너를 찾아 제휴

2_ 교재 DVD 제작

3_ 사이트 제작

4_ 프로모션 실시

고객을 모으기 위해 광고와 어필리에이터를 활용하는 한편, 사이트를 계속 수정해나갔고, 구매 전환율을 높여 이익이 극대화되도록 이끌었다. 그렇게 하나의 비즈니스로서 충분히 이익을 냈다.

하지만 그것은 어디까지나 첫 번째 단계였다. 원하는 사람에게 원하는 것을 파는 비즈니스, 말하자면 '점點'의 비즈니스다. 한 지점에서만 판매해서는 폭발적으로 성장하기 힘들다. 얼마 안 되어 경쟁자의 증가, 광고단가 급등 등 다양한 요인이 등장하면서 이익률이 떨어질 것은 분명했다. 그래서 생각을 전환했다.

한 명의 고객에게서 평생 얻을 수 있는 수익의 현재 가치인 '고객생애가치Costumer Lifetime Value'●를 고려하기로 한 것이다.

어떤 고객이 DVD를 구매했다는 것은 아름다운 가슴을 갖고 싶다는 욕구가 있다는 뜻이다. 비슷한 테마로 좋은 상품이 있다면 흥미가 생길 가능성이 있다. 예를 들면 그와 관련된 테마는 다음과 같다.

- 가슴관리 세미나
- 가슴 보정 속옷
- 체형관리실

이런 상품들을 고객에게 소개하면 일정 인원이 반응할 것이고, 추가 수익을 기대할 수 있다. 이것을 '백 엔드 상품Back-end product'이라고 한다.

아름다운 가슴을 위해 여러 가지 방법을 시도해보는 여성들이 적지 않다. 다만 고객의 욕구 수준이나 원하는 방법, 지갑 사정은 각자 다르기 때문에 판매자는 정확히 알 수 없는 영역이다. 그렇다면 어떤 상품이나 서비스도 소개해볼 가치가 있다는 뜻이다.

• 고객의 소비가 일회성에 그치지 않고 지속적일 것이라는 가정하에 계산한 고객의 가치. 장기적인 관점에서 수익을 극대화하기 위한 개념이다. ―옮긴이

인터넷이나 홈쇼핑으로 물건을 구입했더니 관련 상품의 광고지가 같이 배송된 적 있을 것이다. 그것이 바로 '백 엔드 판매'다. 그런데 e-비즈니스에서는 '백 엔드 판매'를 하는 사람이 드물다. 이미 상품을 구매한 고객에게 또다시 상품을 들이미는 상황이 민망한 까닭이다. 하지만 이는 당신의 아주 큰 착각이다.

고객이 '구입할지도 모르는 것'은 고객이 '원하는 것'이다.
그리고 그것이 곧 '편익'이다.

고객의 편익을 실현해주는 것이 판매자인 당신의 역할이다.

고객이 기뻐할 만한 상품을 꾸준히 제공하라.
그것이 판매자의 배려이자 고객에 대한 예의다.

백 엔드 상품과 재구매가 늘어나는 것은, 고객이 당신 회사를 '내가 갖고 싶은 것을 전부 갖춘 회사'라고 인정하는 것이자 당신 회사의 팬이 되었다는 것이다. 따라서 수익이 장기적으로 안정된다는 뜻이다.

'점'이었던 비즈니스를 '선'으로 연결하라. 그러면 한 사람의 고객으로부터 얻을 수 있는 매출이 대폭 늘어난다.

상품 준비에 시간과 노력이 들지 않을까 우려스러울 수도 있지만, 백 엔드 상품이 반드시 자사 제품일 필요는 없다. 자사 콘셉트에 맞는 상품을 골라 어필리에이트할 수도 있고, 여유 자금이 있다면 일정량을 매입해 판매만 대행해도 된다.

앞서 예로 들었던 가슴관리법 DVD라면 체형관리실과 제휴해 고객을 유치하는 데 도움을 줄 수도 있다. 대신 고객 방문 시 수수료를 받는 식으로 계약하면 대리점 비즈니스도 가능하다. 반드시 모든 상품을 자사 제품으로 준비해야 한다는 생각에서 벗어나라. 이미 세상에 나와 있는 우수한 상품·서비스를 영리하게 활용하면 새로운 비즈니스를 전개할 수 있다.

DVD를 체형관리실에 업소용으로 판매하는 방법도 있다. 집에서도 할 수 있는 가슴관리 운동법을 회원들에게 권해보는 식이라면 검토해줄 여지가 충분하고, 잘 성사된다면 고객이 법인까지 확대된다. 백 엔드는 고객과 당신 모두의 가능성을 넓혀주는 것이다.

나는 비즈니스 모델을 구상할 때 오른쪽 그림과 같이 입체적

프런트 엔드와 백 엔드 수익 박스

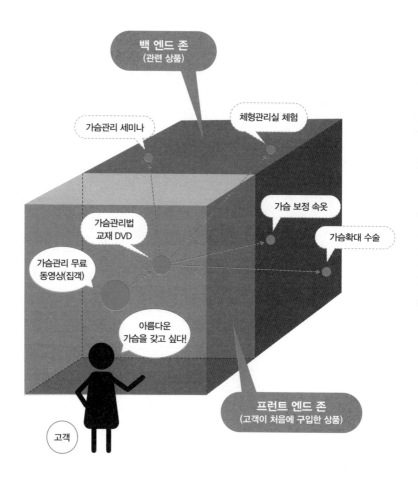

고객생애가치를 고려해 프런트 엔드와 백 엔드의 순서를 바꾼다.

으로 생각한다. 입체도처럼 프런트에서(첫 거래) 백 엔드로 가는 흐름에서 더 원활한 루트를 발견하고 구축할 수 있다면 수익은 폭발적으로 늘어난다.

그렇게 되면 이익을 위해 최초의 프런트 상품에 목숨 걸지 않아도 된다. 오히려 고객이 최대한 많이 방문하도록 유도하는 데 집중하면 된다. 대부분의 통신판매회사가 이런 체계로 최초의 고객을 확보하고 상품 판매 사이클을 구성한다. 당신이 진입할 시장에 맞게 입체적으로 백 엔드 전략을 전개해나가자. 새로운 기회가 보일 것이다.

고객이 '원하는 순간'을 놓치지 않는
판매 기술

백 엔드 판매 방식에는 '크로스 셀링cross-selling'과 '업 셀링up-selling'이 있다. 크로스 셀링은 기존 고객에게 '다른 제품'을 판매하는 것이고, 업 셀링은 기존 고객에게 '상위 제품'을 판매하는 것이다.

햄버거 체인점에서 "프렌치프라이도 같이 하시겠어요?" 하고 권하는 것이 크로스 셀링이고, "500원 추가하면 프렌치프라이를 M에서 L 사이즈로 변경할 수 있어요"라고 하는 것이 업 셀링이다. 또 아마존에서 책을 구매하면 같은 작가나 비슷한 분야의 책을 자동으로 추천하는데, 그것도 크로스 셀링이 에디.

우리가 운영하는 매칭 비즈니스 아카데미에서는 일반회원 외에 플래티넘과 다이아몬드 회원을 업 셀링으로 제공하고 있다. 물론 일반회원만 해도 40장짜리 DVD 강좌를 보고 매칭 비즈니스를 시작할 수 있다. 그런데 돈이 더 들어도 상관없으니 더 빨리 서비스를 받아보고 싶다고 요청하는 수강생이 있어 마련한 제도다.

백 엔드 판매를 하면 '강매'로 오해하지 않을까 걱정하는 사람도 있지만, 이는 고객이 결정할 부분이다. 강매라고 느끼는 사람은 구매하지 않으면 그만이다. 반대로 그 서비스를 원했던 사람은 환영할 것이고, 수익 증대로 이어질 것이다. 이것이 업 셀링이다.

판매자는 구매자 개개인이 어떤 것을 원하는지 속속들이 알기 어렵다. 짐작만으로 안 된다고 포기하지 말고 모든 사람의 만족을 고려해 백 엔드를 설계하자.

크로스 셀링과 업 셀링 시기는 빠르면 빠를수록 효과적이다.

물론 정말로 원하는 것이라면 구매 후 시간이 지나고 판매해도 구입하는 사람이 있지만, 그 속마음은 판매자가 알 수 없다. 오히려 잠재되어 있던 기회를 놓치는 일은 없어야 하지 않을까? 처음부터 차근차근 백 엔드를 기획하자.

참고로 크로스 셀링이나 업 셀링 외에도 고객당 구매금액을 올리는 방법이 있다. 바로 정기결제 방식이다. 정기결제 방식은 매달 일정액의 수입이 확보되므로 편안한 마음으로 안정적으로 경영할 수 있겠다고 짐작할 수 있다. 하지만 회원제 운영도 그 나름대로의 수고와 체력이 필요하다. 특히 고객 이탈과 미납 가능성이라는 최악의 상황에 대비할 자본력이 필요하므로 난이도가 꽤 높은 편이다. 따라서 회원제 비즈니스를 시도한다면 처음에 일정 기간분의 비용을 받아두면 안정적으로 경영할 수 있다. 초심자일 때는 매달 재구매를 통해 꾸준히 오래 수입을 얻는 것보다 단기간에 목돈을 버는 게 낫다.

일단은 첫 거래 실적을 만들어낼 것, 그리고 지명도를 높이는 것이 오래도록 돈 버는 길이다.

회원제 비즈니스는 그다음에 고려하자. 과금제 서비스 구축은 자금에 여유가 생긴 후에 해도 늦지 않다. 205쪽에서 소개한 '프로덕트 론치' 수법을 사용하면 완전 무명의 판매자·상품이라도 단기간에 수천만 원에서 수억 원의 매출을 만들 수 있다. 지금 바로 해야 할 일을 하자.

SNS 등의
최신 툴 활용법

시스템은 한번 만들었다고 끝이 아니다. 끊임없이 재검토해야 한다. 시장과 비즈니스 환경은 지금 이 순간에도 끊임없이 변하고 있기 때문이다.

불과 얼마 전까지는 정보교재 홍보와 어필리에이트 활동에 클릭할 때마다 일정 금액을 지불하는 PPC 광고가 유효했다. 하지만 지금은 다른 수단을 써야 고객을 끌어들일 수 있다. 시간이 지나면서 고객의 기호가 변하거나 경쟁자가 등장하기도 하는데, 그런 변화 속에서도 항상 수익이 최고치가 되도록 시스템을 개선하고 최적화하는 것이 리더의 임무다.

인터넷 세계는 진화 속도가 빠르므로 더 말할 것도 없다. e-비즈니스를 하고 있다면 항상 동향을 파악하자. 시스템 개선을 도와주는 새로운 툴과 시스템, 마케팅 기법도 계속해서 등장한다. 동향을 주시하다가 쓸 만한 것이 나타나면 발 빠르게 도입하자. 그러면 선점자의 우위를 누릴 수도 있다.

지인인 한 창업가는 일본에서 거의 처음으로 프로덕트 론치 수법을 도입했는데, 불과 12시간 만에 50억 원의 매출을 기록했다. 대다수의 새로운 마케팅 기법은 e-비즈니스 선진국인 미국에서 들어온다. 그것도 미국에서 보편화된 이후 일본에 들어오기 때문에 미국 등의 해외 마케팅 기법을 먼저 배워두면 큰돈을 벌 가능성이 있다. 단, 이런 것들은 '판매를 위한 수단에 불과하다'라는 사실을 염두에 두어야 한다. 카피라이팅도 동영상도 프로덕트 론치도 수많은 기술 중 하나일 뿐이다.

진짜 중요한 것은 센터 핀을 놓치지 않는 시각이다.

이런 감각이 없으면 아무리 뛰어난 최신 마케팅 기법을 이용한들 '그림의 떡'이다. 최신 노하우와 툴을 아무리 빨리 도입한다고 해도 반드시 성공하는 것은 아니라는 현실도 무시할 수 없다. 아무리 편리하고 뛰어난 툴이라도 당신의 비즈니스에 맞지 않으면 수익 창출이라는 마법은 일어나지 않는다.

나(고지마)는 e-비즈니스를 할 때 반드시 '전화 마케팅'을 포함시키려고 한다. 구매를 망설이는 고객이 가벼운 마음으로 전화해 궁금한 것을 물어보게끔 사이트에서 유도하는 것이다.

1차 목적은 질문을 접수하는 것이지만, 통화 중에 망설이는 이유를 하나하나 제거할 수 있으므로 구매를 확정 짓기도 한다. 혹여 구매까지 이어지지 않더라도 전화로 대화하다 보면 고객의 고민, 구매를 망설이는 이유 등 생생하고 귀중한 의견을 들을 수 있다는 장점이 있다. 그렇게 수집한 정보는 바로 사이트에 반영된다.

e-비즈니스라고 해서 모든 것을 인터넷상에서 완결시키려고 하다가는 큰 기회를 놓치게 된다. 어떻게 하면 더 많이 벌 수 있을지를 고민하고 시스템을 만들어나가는 것이 리더가 해야 할 일이다. 편리한 툴이나 자동화 시스템만 좇아가서는 비즈니스가 굴러가지 않는다. '제 꾀에 제가 넘어간다'라는 말이 있는데,

기술이나 노하우를 과신해서 '고객에게 혜택을 제공한다'라는 비즈니스의 기본에서 벗어나면 안 된다.

시스템이 진정한 효력을 발휘하려면 핵심이 되는 비즈니스가 확립되어 있어야 한다. 회전초밥집을 예로 들어보자. 초밥 접시가 돌아가는 레일도 신제품이고, 분위기도 놀이공원처럼 즐거운데 정작 초밥 맛이 별로라면 어떨까? 과연 분위기나 시설만 보고 고객이 그곳을 재방문하고 싶은 마음이 들까? 아마 다시는 찾지 않을 것이다. 초밥집의 핵심은 당연히 '맛있는 초밥'이기 때문이다.

당신의 비즈니스는 무엇인가?
'핵심'을 가장 먼저 갈고 닦자.

최근 템플릿(template, 견본)화라는 말을 자주 듣는다. 세일즈 레터의 템플릿 등도 무료로 배포되는 경우가 있으니 이용하고 있는 사람이 있을지도 모르겠다. 템플릿은 성공 사례를 서식화해 모두에게 통용되도록 설계한 것으로, 비즈니스에 관한 다양한 힌트가 담겨 있다.

하지만 당신의 비즈니스에 그것을 그대로 적용하는 것은 위험하다. 자신의 비즈니스에 적용해보고 맞는지 확인한 후 커스터마이징customizing* 해야 한다. 그대로 가져다 쓰면 당신의 고객에게는 전혀 와 닿지 않는 경우도 생긴다. 왜 템플릿이 이렇게 완성되었는지를 생각하고, 성공으로 이끈 사고 과정을 연구해 그 핵심을 시스템에 적용하자.

요즘 세미나를 열면 한창 유행하는 페이스북을 어떻게 활용해야 하는지에 관한 질문을 많이 받는다. 페이스북을 시작하는 사람이 점점 많아지고 있고, 무엇인가 할 수 있는 게 없을지 기대하는 마음은 이해하고도 남는다. 다만 지금 상황에서 페이스북으로 진짜 돈 버는 노하우를 아는 사람은 일본에서도 우리가 알고 있는 한 극히 소수다. 물론 여기저기서 페이스북 사용법을 가르쳐주는 강연들이 있지만, 대부분 기본적인 사용법을 알려줄 뿐 비즈니스에 활용하는 방법은 모르는 경우가 많다. 당신이 페이스북을 마케팅에 이용하고 싶다면 가르침을 청할 상대를 제대로 찾아가야 한다.

사실 페이스북은 아주 우수한 네트워킹 툴이다. 실명 등록이 기본인 것도 그렇고, 기업과 개인의 브랜딩과 신뢰 구축에도 유용해서 고객과 상호교류를 도와주는 기능이 많다. 페이스북 하

• 생산업체나 수공업자들이 고객의 요구에 따라 제품을 만들어주는 일종의 맞춤제작 서비스를 말하는 것으로, '주문 제작하다'라는 뜻의 customize에서 나온 말이다. —옮긴이

나로 기존 홈페이지나 블로그 등의 역할을 거뜬히 해낼 가능성
도 있다. 이미 시작한 비즈니스에서 실적을 내본 사람은 페이스
북을 비즈니스 도구에 추가해 자신의 비즈니스를 더 확장하고
성과를 올릴 수 있을 것이다.

　페이스북은 경영자로서 인맥을 확대하는 데도 최적의 도구
다. 오프라인에서는 힘든 인맥을 페이스북을 통해 만나고, 조인
트 상대와 만나 비즈니스를 탄생시키는 사례도 점차 늘어날 것
이다. 다만 페이스북 등의 SNS는 어디까지나 사람을 만나는 입
구, 즉 수단 가운데 하나일 뿐이다.

　관심 가는 사람이 있다면 직접 만나러 가자. 비즈니스에 바로
도움될 만한 유익한 정보는 입에서 입으로 전해진다. 누구나 볼
수 있는 장소에 떡하니 붙어 있는 일은 없다. 진짜 가치 있는 정
보는 스스로 찾으러 가야 한다.

실재하는 인맥을 이길 것은 없다.

성공을

확장하는

조인트 사고

e-비즈니스에서 기적을 일으키는 사고법

비즈니스가 극적으로 바뀌는
조인트의 기적

　지금까지 이야기한 요소, 즉 사람(내부·외부), 기술, 정보, 시스템은 e-비즈니스를 지지하는 4가지 기둥이다. 이 4가지 기둥을 염두에 두면서 비즈니스를 하면 작은 성공을 하나둘 이뤄나가게 된다.

　하지만 긴장의 끈을 놓아버리면 성장도 끝이다. e-비즈니스 기술을 향상하고 시스템을 최대한 활용하자. 그러면서 적극적으로 사업을 확대할 수 있는 다음 스테이지를 노려야 한다. 그런데 많은 사람들이 성공을 맛보고 나면 만족하고 안주한다. 이를테면 월수입이 1,000만 원이 되었다고 하자. '1,000만 원이면 충분하지'라고 생각한 순간, 당신의 수입은 1,000만 원이라는 천장에

간혀버린다.

비즈니스는 끊임없이 이윤을 추구해야 하는데, 머릿속에 현상 유지를 떠올린 순간부터 실적은 제자리걸음을 하다가 내리막길을 탄다. 고도 1만 미터를 비행하는 항공기도 엔진이 멈추면 떨어진다. 엔진을 계속 돌려야 안정궤도를 탈 수 있다. 이와 마찬가지로 비즈니스의 엔진도 멈추지 않고 돌려야 안정궤도에 오르고, 계속 돈을 벌 수 있다.

사업 확장의 키포인트는 '조인트'다.

우리 두 사람은 조인트 덕분에 각자 1인 기업으로 운영할 때의 10배에 달하는 성과를 올릴 수 있었다. 그 이후로 비즈니스의 스테이지가 완전히 달라졌다. 비즈니스의 규모, 인맥, 협력 직원 수, 정보원의 질, 모든 면에서 새로운 세계가 열린 것이다. 혼자 이끌었다면 절대 이룰 수 없는 진화 속도다. 마치 일반열차에서 음속비행하는 제트기에 올라탄 것 같은 느낌이다.

조인트가 성공하는 이유는 곱셈 법칙이 작용하기 때문이다.

우리가 협업하기 전의 비즈니스 수준을 각자 수치로 따져 10점이었다고 치자. 10점인 사람과 10점인 사람이 힘을 합치면, 10 + 10의 20점이 될 것 같지만 그렇지 않다. 우리는 10 × 10, 즉 100점의 성과를 냈다. 100을 두 사람이 나눠도 50씩이니까 혼자 할 때에 비해 무려 5배의 성과를 얻은 것이 된다.

나(사토)와 고지마의 인연은 내가 개최한 세미나에 고지마가 참석하면서 시작되었다. 고지마는 세미나 첫 시간부터 나에게 질문을 잔뜩 쏟아내더니 명함도 주지 않고 돌아갔다. '아카데미에서는 본전을 뽑아라'라는 명제를 그대로 실천한 셈이다.

3개월 후에 열린 두 번째 세미나 시간, 고지마는 눈이 휘둥그레질 정도로 자신의 비즈니스를 크게 발전시켜 왔다. 이미 2~3개의 비즈니스 교재에 착수했고, 이미 하나의 교재는 발매를 코앞에 둔, 다른 수강생은 얼씬도 못 할 상황이었다. 고지마는 단숨에 수강생들 사이에서 독보적인 존재로 떠올랐다.

세미나가 끝난 며칠 뒤, 내가 도쿄를 찾았을 때 우리는 시나가와品川의 한 패밀리레스토랑에서 만나기로 했다. 차를 마시면서 이야기를 나누다 보니 매칭 비즈니스 아카데미에 관한 아이디어가 나왔다. 당시 고지마는 자체 노하우로 조경 매칭 사이트를 성공적으로 운영하고 있었고, 우리는 이를 비즈니스 아카데미

형식의 콘텐츠로 만들어 판매하기로 했다.

노트를 가져가지 않았던 우리는 급한 대로 패밀리레스토랑의 종이 냅킨에 계획을 메모하고 가지고 갔다. 그 후 내용을 보강해 방대한 DVD 교재를 만들었고, 고지마가 가진 콘텐츠의 힘과 나의 마케팅 능력을 총동원한 결과 1개월 만에 매출 30억 원이라는 대박을 터뜨렸다.

아무리 우수한 상품이라도 적절한 마케팅이 없으면 성과가 나지 않는다. 또 마케팅 능력은 우수한 상품 및 기획을 만나야 발휘된다. 우리는 서로 부족한 부분을 보완하는 조인트였기에 수월하게 곱셈 효과를 볼 수 있었다.

곱셈 효과는 나와 상대가 모두 10점이어야 극대화된다.

서로 다른 분석으로 자신만의 실적과 기술을 갖추고 있지 않으면 조인트는 성공할 수 없다. 다시 말해 초보 단계에서는 조인트를 해도 효과가 미미하다. 1점인 사람과 1점인 사람이 힘을 합쳐도 1 × 1은 1밖에 안 되기 때문이다. 결과는 1점 그대로인데 두 사람이 나누면 0.5다. 팀으로 비즈니스를 했는데 오히려 1인당 수익이 줄어들 수도 있다.

0 × 0이 0인 것은 더 말할 필요가 없겠다. 또 서로 반대 방향을 바라보는 사람들은 조인트를 해도 플러스의 결과가 나오지 않는다. 당신이 10, 상대가 10을 가지고 있어도 정반대 방향이면 10 × -10이 되어 결과도 결국 마이너스가 된다.

조인트는 이미 어느 정도 돈을 벌면서 작은 성공을 이룬 단계에서 할 수 있는 것이다. 수익이 너무 적은 경우라면 아직 조인트할 단계가 아니다. 우선 자신을 10까지 끌어올리기 위해 해야할 일이 남아 있기 때문이다. 자신에게 강점과 무기가 있어야 조인트 상대에게 이득을 줄 수 있다. 이득을 주고받으면서 서로 윈윈하는 관계를 구축해야 새로운 전개가 펼쳐진다.

그런데 갖추어야 할 것이 반드시 특정 기술이어야 하는 것은 아니다. 남들이 쉽게 따라 할 수 없는 것을 가지고 있다면, 조인트 상대에게 10 수준에서 줄 수 있는 무언가가 있는 사람이다. 예를 들어 자금이 풍부하다든가 영향력 있는 인맥이 있다면 그역시 강력한 무기가 된다. 자금이 있으면 투자자로서 상대방의 비즈니스를 응원할 수 있고, 인맥이 있다면 사람과 사람을 이어주는 커넥터가 될 수 있다.

하지만 이제 막 e-비즈니스를 시작하려고 한다면 이런 여유가 없는 사람이 대부분일 것이다. 일단은 자신의 비즈니스를 다져나가면서 강점이 될 만한 e-비즈니스 능력을 키워나가자. 일 정 수준에 도달해 다른 사람에게 무언가를 줄 수 있게 되었을 때, 비로소 조인트할 기회가 찾아온다. 그 기회를 잡을 수 있는 사람이 되는 것이 무엇보다 중요하다.

조인트는
나만의 강점을 갖춘 뒤에 시도한다

성공을 가속화시키는 조인트를 하려면 특화된 기술을 가지고 있어야 한다.

다른 사람이 객관적으로 평가할 때 당신이라는 존재가 필요하다고 인정할 만한 뛰어난 기술을 가지고 있어야 한다. 현시점에서 당신이 어떤 분야의 전문가라면 그 강점을 살려 조인트하는 것이 가장 좋다. 예를 들면 매출이 낮은 이자카야를 살리는 아이디어와 실적이 있다든가, 열흘만 따라 하면 2킬로그램이 빠지는 운동법을 찾았다든가, 15분 만에 요통이 사라지는 방법을 안다든가 하는 기술이다. 지금 당장 떠오르는 것이 없다고 상심

할 필요는 없다. 이제부터 찾으면 된다.

e-비즈니스에 도움이 되는 기술은 무궁무진하다. 사이트나 블로그 제작 등의 인터넷 활용능력, 카피라이팅, PPC 광고(200쪽 참조) 기술, SEO(199쪽 참조) 기술 등은 어떤 e-비즈니스에서도 도움이 된다. 말재주(세미나, 동영상 콘텐츠 등에 유용), 인기상품을 찾아내는 능력, 조사능력, 상품기획력, 영업력, 커뮤니케이션 능력도 e-비즈니스에 아주 유용하다.

따로 설명할 필요도 없겠지만, 비즈니스는 다양한 기술 요소가 복합되어 생기는 화학변화가 '돈'을 창출한다. 혼자로는 한계가 있고, 조인트가 필요하다.

한 가지라도 당신이 최고라고 자부할 만한 것을 갖추자.
그러면 당신이라는 존재를 필요로 하는 사람이 나타난다.

그 경우 상대는 당신이 가지고 있는 기술이 없기 때문에 당신을 필요로 하는 사람일 것이다. 그들 중 당신은 가지고 있지 않지만 당신이 원하는 것을 갖고 있는 사람이 틀림없이 있을 것이다. 그 사람과 바라보고 있는 방향, 즉 같은 목표를 바라볼 수 있다면 조인트로 화학반응을 일으킬 가능성이 크다. 전부 잘할 필요도, 전부 혼자 할 필요도 없다. 한 가지를 특화해 향상시키는 편이 전략적으로 낫다.

236쪽 그림을 보자. 몇 개의 칸막이로 나눠진 수조 하나가 있다. 이것이 당신이고, 수조 안에 들어 있는 것은 당신의 능력이다. 이를테면 당신이 조사능력, 기획력, 집객력, 판매력, 재구매 유도 능력을 갖추고 있는데, 그중에서도 판매력이 특출나서 수조에서 넘치고 있다고 하자. 다른 사람은 당신의 내부를 들여다볼 수 없으니 '넘친다 = 수조가 가득 찼다 → 일 잘하는 사람'이라고 판단한다. 즉 당신이 어떤 한 가지 반짝이는 기술로 성공하고 있으면 다른 것도 다 잘하는 것처럼 보인다.

내가 단 한 가지 능력을 최고로 만들라는 것은 그런 이유에서다. 특출난 기술이 있으면 달인이라는 평가를 받게 되고, 브랜드 파워가 막강해진다. 다른 일을 못하더라도 조인트 등으로 이후의 전개가 수월해진다.

참고로 나(고지마)는 e-비즈니스에 전화 마케팅을 자연스럽게 녹여내는 것을 잘한다. 통신판매회사 시절부터 키워온 기술 중 하나다. 앞에서 이야기한 수조 그림으로 말하자면 커뮤니케이션 능력이나 말재주 칸이 넘쳐흐른다. 그 결과 뛰어난 창업가들의 주목을 받았고, 그들의 비즈니스에 전화 마케팅 도입 방법을

개인의 능력 수조

단 한 가지라도 특출난 기술이 있으면 모든 면에서 우수하다고 생각한다.

알려달라는 의뢰를 받았다. 이런 식으로 조인트를 시작할 수도 있다.

당신이 어떤 무기를 손에 넣을지는 자유다.
다만 어떤 무기를 손에 넣었느냐에 따라 당신의 미래가 바뀐다.

일단 6개월 후와 1년 후 자신의 모습을 그려보라. 그런 다음 그 모습이 되기 위해 당신에게 필요한 것이 무엇인지 곰곰이 생각해보라. 그중에서 당신이 정말 잘하는 분야를 특화해나가자. 틈새 분야도 좋다. 모든 능력을 끌어올리는 것이 아니라 딱 한 곳을 비즈니스에 도움이 되도록 수준급 능력으로 만들면 된다.

예를 들어 카피라이팅 능력을 강점으로 내세우는 사람들은 이미 많이 있다. 그러니 더 세분화해서 특정 분야의 카피 전문가를 목표로 하면 길이 열릴 것이다. 건강제품 카피를 맡겼더니 공감도가 높았다든지 미용제품 카피는 따라올 자가 없다는 이야기를 듣게 되면, 그 기술 하나로도 먹고살 수 있게 되고 앞으로 일이 수월하게 진행된다. 같은 분야의 상품을 홍보하는 블로그나 트위터, 페이스북, 인스타그램 등에서 집필을 의뢰히는 능 활동 범위가 넓어질 것이다.

한껏 세분화한 틈새 분야에서 최고가 되는 것을 목표로 삼자.

시장조사를 통해 경쟁이 치열하지 않는 곳을 선택하라고 말한 바 있는데, 자신의 비즈니스 모델을 보강할 때도 마찬가지다. 한 가지 능력으로 일단 넘버원의 타이틀을 얻으면 타 분야의 넘버원인 사람과 어깨를 나란히 하고 조인트 전략을 펼칠 수 있게 된다. 자신의 존재를 빛낼 수 있는 분야를 부지런히, 반드시 발견하라.

최강의 조인트 상대를
찾는 법

우리 두 사람을 보고 "저도 최고의 조인트 상대를 찾고 싶은데 어떻게 해야 하나요?" 하고 묻는 분들이 있다. 조인트 상대는 당신이 찾고 싶다고 바로 찾을 수 있는 것은 아니다. 사실 본인이 아직 그 단계에 오르지 않았기 때문에 나타나지 않는 것이라고 볼 수도 있다.

우리의 경험에 비추어보면 조인트 상대는 자신의 비즈니스를 열심히 확장하는 과정에서 어느 순간 만나게 된다. 하지만 그 순간에 만날 수 있게 전략적으로 움직인 면도 분명히 있다. 여러 가지 의미에서

자신에게 플러스가 될 자극을 주는 인재를 만나고 싶다고 생각하고, 만나기 위해 행동하는 것이다.

꼭 조인트 상대가 아니라도 비즈니스는 사람을 중심으로 돌아간다. 돈을 벌게 해주는 것도 사람이고, 상품을 제공하는 것도 사람이다. 사람과 사람 사이의 만남이 있어야 새로운 비즈니스의 씨앗도 싹튼다. 우리도 창업하고부터는 적극적으로 사람들을 만났고, 세미나 등에도 열심히 참가했다. 그래서 서로를 만날 수 있었다.

앞에서도 이야기했지만, 우리의 조인트는 사토가 운영하는 비즈니스 아카데미에 고지마가 수강생으로 참여하면서 시작되었다. 사실 우리처럼 비즈니스 아카데미 운영자와 수강생, 세미나 강사와 수강생이라는 조합으로 조인트하는 것은 e-비즈니스 세계에서는 드문 일이 아니다. 스승은 늘 우수한 제자를 기다린다. 왜냐하면 자신에게는 없는 능력과 기술을 갖춘 제자가 있으면 조인트를 통해 비즈니스를 비약적으로 발전시킬 수 있다는 것을 이미 알고 있기 때문이다.

한편 세미나나 비즈니스 아카데미의 수강생끼리 조인트하는 패턴도 빈번하다. 수강생끼리 안면을 트고 이야기를 나누다가 각자의 기술을 한데 모아 비즈니스를 하면 좋겠다는 생각에 의기투합하게 되는 것이다.

단, 이런 사례들은 모두 결과에서 도출한 경험칙이다. 사제관계의 조인트든, 수강생끼리의 조인트든, 파트너를 찾는 목적으로 세미나나 아카데미를 찾는 것은 아니다. 단지 목적이 같은 사람들끼리 모이다 보니 자연스럽게 만남과 인맥 쌓기의 보고가 되는 것이다.

다시 한 번 강조하지만, 이런 자리에서 만남의 기회를 잡으려면 자신의 비즈니스가 이미 확립되어 있으면서 확실한 강점과 무기를 가지고 있어야 한다. 또한 자신의 강점을 상대방에게 표현할 수 있는 커뮤니케이션 능력도 장착하고 있어야 한다. 자신의 강점을 확실하게 어필해 기회를 만들어보자.

조인트 상대를
선택하는 기준

가끔 착각하는 사람들이 있는데, 능력이 뛰어난 사람이 최적의 조인트 상대는 아니다. 아무리 뛰어난 사람이라도 당신, 그리고 당신이 꿈꾸는 비즈니스와 맞지 않으면 플러스 방향의 화학 반응이 일어나지 않기 때문이다.

우리 두 사람은 강점과 성격은 딴판이지만, 비즈니스에 관한 생각은 처음부터 딱 맞아떨어졌다. 비즈니스에 관한 생각이 달랐다면 이렇게 잘 풀리지 않았을 것이니 행운이었다고 본다. 다른 면에서는 쿵짝이 맞았을지라도 지금처럼은 되지 못했을 것이다.

조인트 상대는 친구가 아니다.

비즈니스를 함께 창조하는 경영 파트너다.

같이 일하는데 비즈니스에 대한 공통언어가 없으면 모두 힘들어진다. 실제로 친구 사이에 창업했다가 갈라서는 사례도 적지 않다. 조인트 상대는 무조건 비즈니스에서 잘 맞는 사람을 선택하자. 그리고 또 하나 기억해야 할 점이 있다.

조인트 상대는 서로의 강점과 무기, 즉 잘하는 분야가 '달라야'
좋다.

서로가 가진 기술이 보완 관계에 있어야 단번에 시너지 효과가 나타난다. 강력한 효과를 내는 조합 패턴은 '콘텐츠(교재) 제공자' × '마케터(판매 촉진에 강함)' 조합이 일반적인데, 마케터끼리의 조인트도 잘하는 분야가 다르다면 무방하다. '카피라이터' × 'SEO 마스터' 조합도 좋고, 'PPC 전문가' × '말재주가 뛰어난 사람'도 좋다. 두 사람이 웹 제공 서비스를 하면 최강의 콤비가 될 것이다. 집객과 판매 마케팅 능력이 뛰어나면 그 자체로 콘텐츠(교재)가 될 수 있으므로 강력한 특기라고 할 수 있다.

우리 두 사람도 '마케터' × '마케터'가 조인트한 경우다. 각자 회사를 운영하면서 순조롭게 수익을 내고 있던 두 사람이 각기 다른 기술을 한데 모으자, 제대로 불꽃을 튀기는 화학반응이 일어났고 현재에 이르렀다.

조인트 상대로 원하는 사람을 만났다면 우선 자신의 경력을 터놓고 이야기하자. 비즈니스 담론을 나누다 보면 각자의 기술과 비즈니스를 대하는 자세 등을 알 수 있어 추천하는 방식이다. 그렇게 이야기를 이어가다 자연스럽게 새로운 비즈니스 기획 이야기가 나오고, 순조롭게 조인트 방향으로 흘러간다면 최적의 조인트 상대일 가능성이 있다.

조인트는
꼭 2명이 아니어도 된다

조인트를 통해 곱셈으로 비즈니스를 확대해나가다 보면, 사고의 틀이 단박에 확장되면서 새로운 가능성이 보이기 시작한다. 우리는 서로의 강점을 잘 조합해 비즈니스를 척척 진행할 수 있었는데, 또 한편으로는 방식을 바꾸면 더 해볼 수 있는 일은 없는지, 조인트 사고를 더 확장할 수 있는 방법은 없는지 등을 고민했다.

그 고민 끝에 우리는 조인트 동료를 늘려나가기로 했다. 두 사람이 이렇게 유기적으로 생산적인 파트너십을 형성할 수 있다면, 조인트 관계를 일거에 확대해 동료를 늘린다면 더 대단한 일을 할 수 있지 않을까 하는 생각에서였다.

우리와 바라보는 방향이 같고 의지와 의욕을 가진 비즈니스 파트너를 10명 모으면 10 × 10이 10인분, 즉 10^{10}의 성과를 올릴 수 있지 않을까 하는 기대가 있었다.

그렇다면 구체적으로 어떻게 하는 것이 최선일지 머리를 맞댔다. 인터넷 기업가가 블로그나 메일매거진으로 사업 파트너와 조인트 벤처 상대를 모집하는 공고는 자주 보았다. 우리도 해본 적이 있는데, 이력서로 상대를 선발해야 한다는 사실이 우리와 맞지 않는다는 느낌이 들었다. 결국 우리 두 사람이 만났을 때처럼 비즈니스 아카데미 수강생 중에서 우수하고 호흡이 잘 맞는 사람을 찾아보기로 했다. 매칭 비즈니스 아카데미, 그것도 컨설팅 회원 가운데 선택해보기로 한 것이다.

앞에서 이야기한 것처럼, 매칭 비즈니스 아카데미에는 특별 세미나 참가 및 컨설팅 회원제도를 업 셀링으로 마련해두었다. 컨설팅 회원은 일반회원 회비에 추가 금액이 있었다.

컨설팅 회원을 대상으로 한 이유는, '자신에게 투자할 수 있는 능력'이 조인트를 성공시키는 중요한 요인으로 작용하기 때문이다.

누차 강조하지만 비즈니스의 성공에는 '시작'이 아주 중요하다. 첫발을 정확히 내딛으려면 초기에 과감하게 투자할 수 있는 마인드가 필요하다(178쪽 참조). 그래서 자기 자신에게 투자해본 사람과 조인트하고 싶었다.

또 컨설팅 자리에서는 상대의 비즈니스 이야기를 들을 수 있다. 어떤 생각으로 비즈니스를 하는지, 우리와 합은 맞을지 짐작해볼 수 있기 때문에 우리가 찾는 사람인지 판단하는 데 많은 도움이 되었다. 게다가 결과를 내고 있는 사람, 즉 비즈니스 기술적인 측면에서도 우리가 원하는 기준에 부합하는 사람을 선택할 수 있기 때문에 다양한 리스크를 피해갈 수 있다는 점에서도 컨설팅 회원은 우리의 니즈에 상당히 부합했다.

우리가 생각한 조인트 방식은 이러했다. 일단 두 사람이 공동 출자해 법인을 세운다. 그리고 매칭 비즈니스 아카데미(컨설팅 회원)에서 우수한 실적을 내는 수강생 중 '이 사람이다' 싶은 사람을 사업 파트너로 삼은 후 새로운 법인의 사장직을 맡긴다.

새로운 사업을 시작할 때 다른 회사에서 사장을 영입해 경영을 맡기는 것은 흔한 패턴이다. 하지만 그렇게 고용된 사장은 좀처럼 성공할 수 없다. 왜냐하면 경영에서는 비즈니스 창업기에 온갖 어려움 속에서도 끝까지 결과를 만들어내겠다는 동기가

조인트 확장

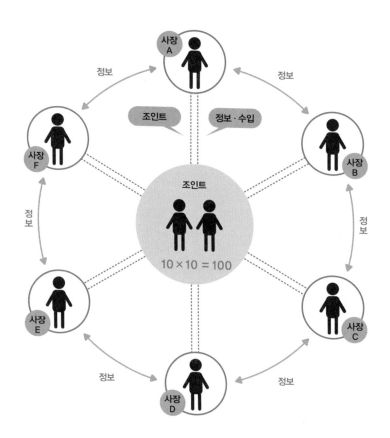

조인트를 시스템화하면 복수의 반복 수입이 생긴다.

중요한데, 그들에게는 그 동기가 없기 때문이다.

자신의 비즈니스를 진심으로 사랑하고, 반년은 잠도 마다하고 목숨을 걸겠다는 굳건한 의지가 없다면 비즈니스는 궤도에 오르지 못한다.

외부에서 영입한 사장은 이런 부분이 다소 아쉽다. 우리의 경우 스스로 매칭 비즈니스를 만들어온 사람을 사장으로 영입했으니 그런 걱정은 필요 없었다. 이미 마음가짐 자체가 달랐기 때문이다.

3명의 역할 분담도 아주 단순하다. 출자금과 주식도 공평하게 나눠 경영한다. 실무는 사장이 열심히 하고, 경영 판단 등의 지원은 우리가 최선을 다한다. 이게 전부다. 실제 이 방식으로 10명 이상의 사업 파트너가 생겼고, 17개 회사를 설립했다. 이 회사들이 이익을 내면 우리에게는 임원 보수가 계속 들어온다. 즉 반복 수입이 생기는 것이다.

반복 수입은 자동화, 효율화를 이룬 비즈니스 시스템의 완성형이다.

우리는 이것을 조인트 사고를 확장하는 형태로 실현해왔다. 수강생 중에서 우수한 파트너를 찾아내 기대 이상의 성과를 올린 것은 우리에겐 예상치 못한 성과이자 기쁨이었다. 지금은 각 회사의 사장들이 긴밀히 네트워크를 구축하고 있어서 매일 방대한 정보가 우리에게 들어온다.

처음부터 대규모 인원으로 조인트하는 것은 추천하지 않는다. 기초를 탄탄히 다지고 비즈니스가 원활하게 굴러가기 시작한 뒤에 조인트 인원을 늘려나가자. 당부하건대 조인트 상대를 잘 선택하기를 바란다. 그것이 포인트다.

e-비즈니스의
최종 진화형 모델이란

    현재 e-비즈니스는 형태가 워낙 다양해져서 한마디로 정의하기가 어렵다. 지금은 어떤 비즈니스든 인터넷을 이용해 전개하는 것이 효율적이다. 바꿔 말하면 모든 비즈니스가 e-비즈니스가 될 수 있다는 말이다.

    이런 시대의 변화 가운데 줄곧 e-비즈니스에 종사해온 사람으로서, 수많은 e-비즈니스 중에서 가장 좋은 형태는 '비즈니스 아카데미 운영' 모델이 아닐까 생각한다. 물론 이 책을 쓰고 있는 단계에서다. 3~6개월 정도의 준비 기간을 두고 자신의 e-비즈니스 성공 경험과 체험을 구체적으로 정리해 PDF, DVD, 동영상 등으로 가르치는 것이 전형적인 패턴이다(최근에는 메일이나 스카이프로 진행 상황과 학업 성취도를 지원하는 유형도 많다).

앞으로 e-비즈니스에 진입하는 사람은 점점 늘어날 것이다. e-비즈니스에서 이미 성공한 사람의 노하우나 돈 버는 방법은 지금부터 시작하는 사람들에게 절실하게 필요한 정보다. 설령 당신이 이제 막 e-비즈니스를 시작한다고 해도 빨리 성공시키고 나면, 그 후에는 가르치는 입장이 되어 e-비즈니스를 시작하는 사람들에게 당신의 노하우를 전하고 판매할 수 있다는 말이다. 이것은 아주 큰 기회다.

가르치는 상대는 개인 수강생뿐만이 아니다. e-비즈니스에서 터득한 마케팅 노하우나 기술은 인터넷 비즈니스 외에서도 큰 도움이 된다. 인터넷을 활용할 줄 모르는 중소기업이나 상점 재정비에도 충분히 응용할 수 있다. 당신이 터득한 지혜를 다음 세대에 전달하면 세상이 선순환하고 진보한다. 이는 판매 촉진에 인터넷을 도입하는 컨설팅이다. 온라인 마케팅 기술, PPC나 SEO 등의 방법을 비롯한 기술과 지혜는 인터넷에 진출하지 않은 기업과 매장에 놀라운 마법을 선사할 것이다.

나아가 당신의 비즈니스 자체를 매각하는 것도 가능하다. 이는 백 엔드와는 다른 차원으로, 자신의 사업을 다면적으로 전개하는 사고방식이다. 우리는 아카데미와 컨설팅 현장에서 반드시 이런 발상을 해야 한다고 수강생들에게 가르치고 있다. 선택지는 하나라도 더 많은 것이 유리하기 때문이다.

이렇게 비즈니스의 스테이지를 진화시키면 본래의 비즈니스 수입, 강사 수입, 다른 기업에 대한 컨설팅 수입 등 수입이 다각화되어 더욱 안정적으로 경영할 수 있게 된다. 경영이 안정화되면 당신은 또 새로운 것을 시도할 수 있다. 그렇게 반복하는 것이 계속 돈을 버는 비결이다.

앞으로는 인터넷 정보를 지배하는 자가 더 큰 부를 얻을 것이다.

인터넷은 진화 속도와 정보순환 속도가 빠르기 때문에 인풋in-put과 아웃풋out-put의 간격을 빠르게 줄여나가는 것이 중요하다.

가치 있는 정보를 적시에 적절한 사람에게 제공하는 비즈니스가 큰 가치를 창출한다. 신기하게도 자신의 성공 노하우를 숨기고 혼자서만 돈을 벌려고 하는 사람은 큰 성공을 거머쥐기가 어렵다.

돈을 벌게 된 지혜나 방법은 바로 공개하라.
이것이 성공의 비결이다.

"다른 사람에게 지혜를 마구 나눠주면 내가 있는 시장이 교란되어 손해 보는 게 아니냐?"라고 말하는 사람이 있는데, 실제로는 정반대다.

가치 있는 정보를 다른 사람들에게 나누자.
그러면 나눈 것의 몇 배로 플러스가 되어 돌아온다.

우리는 그것을 경험했고, 수많은 성공한 사람들도 대부분 비슷한 이야기를 한다. 아주 간략하게 말하면 한 달에 1,000만 원 버는 방법을 세상 사람들에게 알리면, 그것은 한 달에 5,000만 원의 벌이가 되어 돌아온다. 우리도 그 구조를 논리적으로 설명하기는 어렵다. 아마도 세상을 지배하는 다양한 힘이 작용하고 있기 때문이 아닐까.

만약 우리가 유의미한 정보를 우리 내부에서 차단했다면 어떻게 됐을까? 그 정보와 지혜는 썩어갔을 것이다.

정보는 물과 같아서 고여 있으면 썩는다.

일종의 통화처럼 사람들이 사용하면서 계속 순환해야 다양한 사물의 가치가 높아지고, 세상이 원활하게 돌아간다. 이것은 개인 간에도 회사에서도 마찬가지다. 정보 전달이 정체되면 회사 활동도 정체되고 부패한다. 그래서 우리는 가치 있는 정보를 찾아 공개하는 것을 비즈니스로 삼고 있다.

　무가치한 것을 제공하면 유통되지 않고 마이너스가 되어 돌아온다. 이것이 세상의 섭리라고 생각하기 때문에 우리는 앞으로도 '정보의 상인商人'으로서 가장 빠른 전달 수단인 인터넷을 통해 정보를 공개해나갈 것이다.

내가 없어도 비즈니스가 자동으로
굴러가게 만들어라

전 세계 억만장자 중 40대 이하의 90퍼센트는 인터넷, IT 관련 비즈니스로 부를 축적했다는 조사 보고가 있다. 당신이 지금 어떤 일을 하든 앞으로는 인터넷을 빼고는 비즈니스를 생각할 수 없을 것이다. 인터넷을 이용한 장사가 돈벌이에는 확실히 유리하기 때문이다.

흔히 성공한 사람을 따라 하는 것이 성공의 지름길이라고 말한다. 우리도 하나의 롤모델이자 지름길이 되면 좋겠다는 생각으로 이 책을 썼다. 단, 잘못 따라 하면 오히려 일이 더 꼬일 수도 있으니 주의하기 바란다.

일본에는 오래전부터 전해 내려오는 '수守'·'파破'·리離'라는 말이 있다. 무도와 예술 계통의 세계에서 주로 쓰는 개념으로, 스승의 가르침을 받고 독립하기까지의 단계를 말한다.

1_ '수守'의 단계

스승의 가르침을 그대로 따르는 단계로, 스승의 사고와 행동을 보고 배워 완전히 체득했다고 느낄 때까지 스승의 지도대로 행동한다.

2_ '파破'의 단계

스승의 가르침을 따르는 한편 일부러 깨뜨려보는 단계로, 독자적인 노력으로 스승의 가르침에 없던 방법을 시도해보고 효과가 있으면 탐구해나간다.

3_ '리離'의 단계

스승을 떠나 스스로 공부한 내용을 더욱 발전시키는 단계다. 처음에는 철저히 따라 하고, 그다음에는 본인의 생각을 곁들여 응용하며, 마지막에는 자신만의 새로운 스타일을 만들어나가는 것이다.

e-비즈니스도 마찬가지다. 우선은 이 책과 비즈니스 아카데미 선생님, 교재 등을 믿고 실천해보자. 그런데 수강생들을 보고 있으면 가르치는 내용은 같은데 '수'의 단계부터 삐걱거리는 사람이 있다. 스승의 가르침대로 그대로 실천하는 것에만 집중하다 보니 자신의 행동에 어떤 의미가 있는지 고민하는 사고 과정을 등한시해 성과가 나지 않는 것이다.

인간은 '사고 → 행동 → 성과'의 과정을 거쳐 결과를 낸다. 사고란 스스로 생각하는 능력이다. 이 책을 비롯한 많은 교재와 아카데미에서 '사고 → 행동' 부분을 체계화해 가르치는데, 정작 따라 해야 할 것은 행동 자체가 아니라 행동으로 이끈 '사고 과정'이다. 어떤 사고 과정을 거쳐 노하우와 기술을 터득했는지를 늘 의식하면서 따라 한다면 만족스러운 결과를 도출할 수 있을 것이다.

마지막으로 '일과 가정의 행복은 양립할 수 없다'라는 말에 대해 한마디 덧붙이고 싶다. 사업하는 사람의 가정은 엉망이 된다는 다소 시대착오적인 말들을 하는데, 내 주위의 지인들만 봐도 그런 사람도 물론 있지만 전부 그렇지는 않다.

우리 두 사람 역시 일과 가정의 균형을 이뤄 더 풍요롭고 행복한 삶을 살고 있다. 레버리지 효과를 극한까지 활용해 최고의 시스템을 구축해두었고, 귀중한 자신의 시간을 자유롭게 활용하고 있다. 업무 외의 시간은 가장 소중한 가족과 보내거나 지인들 혹은 평소 만나고 싶었던 이들을 만나는가 하면, 자기계발이나 자아실현에 활용하면서 하루하루를 알차게 보내고 있다.

이런 삶을 가능하게 해준 것이 바로 '내가 없어도 자동으로 비즈니스가 굴러가는' e-비즈니스다. 그래서 우리는 이야기하고 싶다. 꼭 당신도 우리의 세계에 들어와 e-비즈니스계의 억만장자가 되어보라고! 그렇게 한 번뿐인 인생을 자유롭게 즐기기를 바란다.

한 달에 30억을 버는 기적의 시너지 효과

조인트 사고

1판 1쇄 발행 2021년 4월 28일
1판 5쇄 발행 2023년 10월 5일

지은이. 사토 후미아키, 고지마 미키토
옮긴이. 김혜영
기획편집. 김은영
마케팅. 이운섭
디자인. 강경신

펴낸곳. 생각지도
출판등록. 제2015-000165호
전화. 02-547-7425
팩스. 0505-333-7425
이메일. thmap@naver.com
블로그. blog.naver.com/thmap
인스타그램. @thmap_books

ⓒ 사토 후미아키, 고지마 미키토, 2021
ISBN 979-11-87875-09-3 (03320)